一五九二
진주성

일러두기

— 현장감을 살리기 위해 일부 대사는 일본어 발음과 경상도 방언으로 표현하고, 입말의 느낌을 살리는 데 초점을 두었습니다. 일본어 발음으로 된 대사는 괄호 안에 한국어 대사를 병기했습니다.

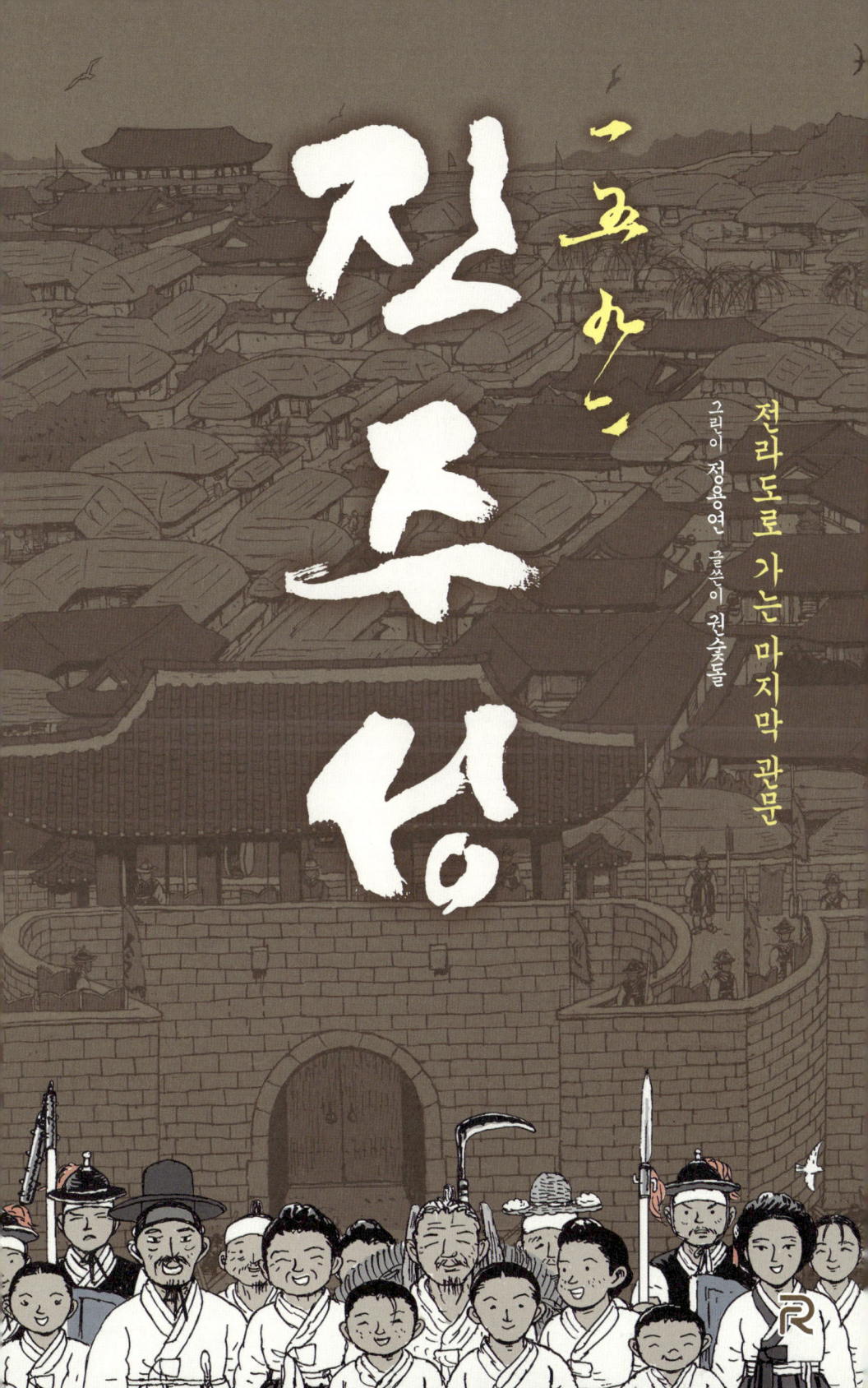

차례

1화_강구연월 ·· 6

2화_마부작침 ·· 28

3화_누란지세 ·· 52

4화_초미지급 ·· 76

5화_연진천리 ·· 100

6화_무중생유 ·· 122

7화_풍림화산 ·· 146

8화_호각지세 ·· 174

9화_호마의북풍 ··· 198

10화_만천과해 ·· 222

11화_당비당거 ·· 246

진주성을 그리며 알게 된 것들 ······························ 288

책을 내며 ··· 300

1화 강구연월*

*강구연월(康衢煙月): 번화한 큰 거리에 저녁밥 짓는 연기가 달빛을 향해 피어오른다는 뜻으로, 태평한 시대의 평화스러운 풍경을 이른다.

덕유산 남계천과 지리산
자락의 위천이 만나
강산지조(江山之助)의
시정을 돋우는 진주 남강!

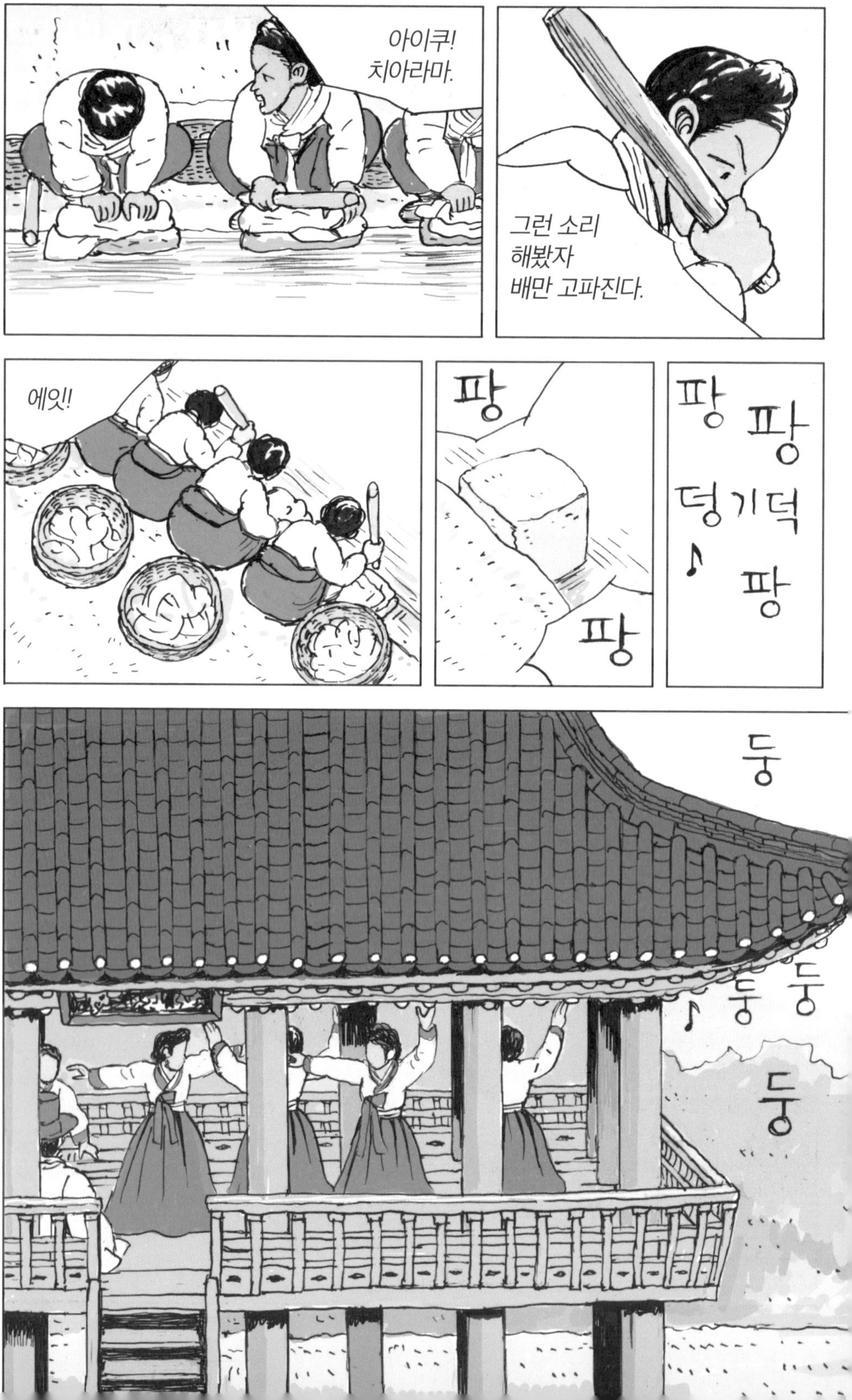

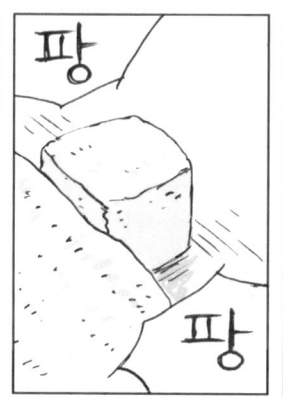

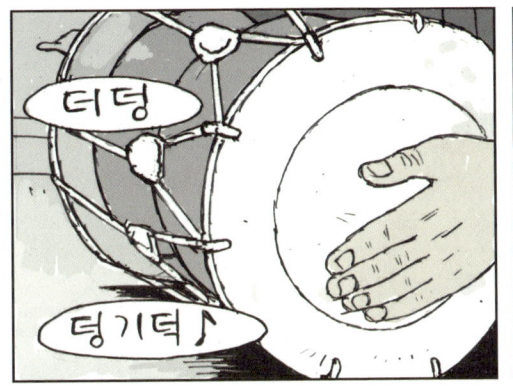
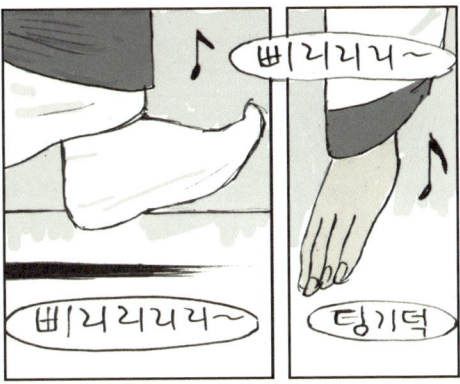

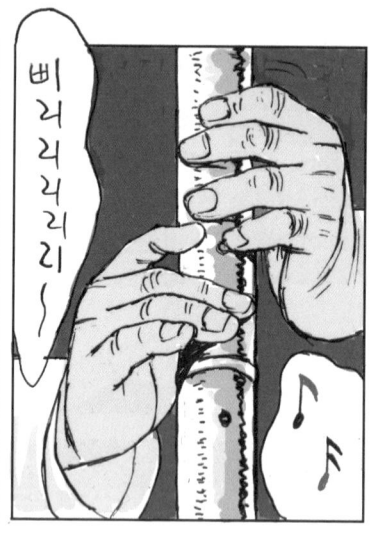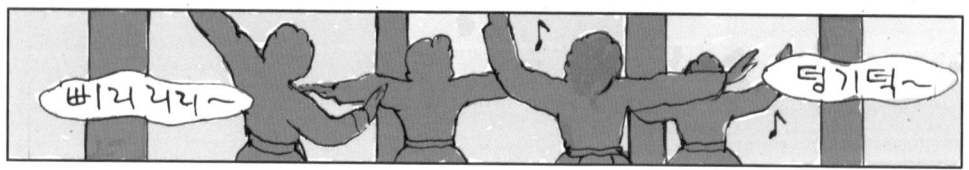

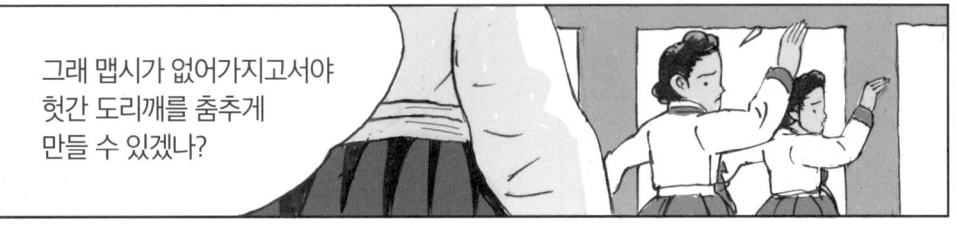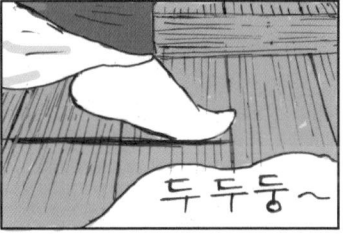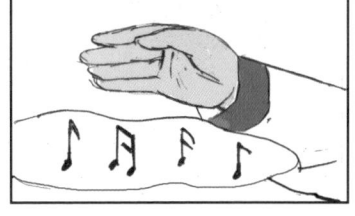

역시 초월이 춤사위는 화간접무(花間蝶舞)라 카이.

허허! 초월이 향한 일편단심이 효달이 눈까지 뜨게 한 모양일세.

아재요.

그건 마음의 눈으로도 다 보이는 겁니더.

초월아, 니는 언제 효달이 마음을 받아줄 끼고?

그러게나.

여기 효달이 애간장 다 녹아내릴 판인디.

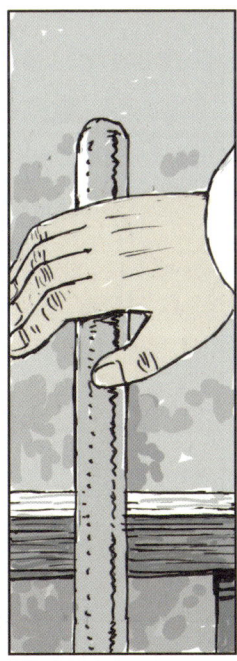

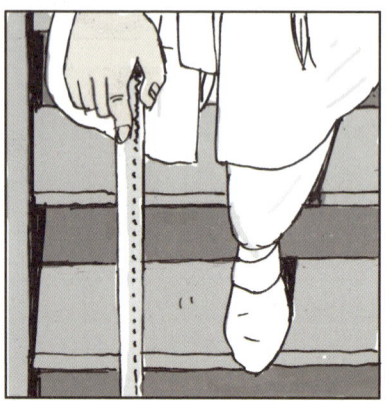

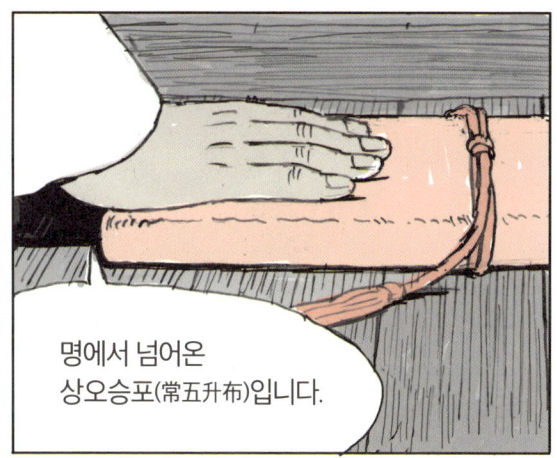

저는 군기시 점검이 있어 이만 가보겠습니다.

김 판관, 자네는 내게 술 한잔 따르지 않고 갈 셈인가?

송구합니다만 화포장이 오늘 새로운 화포를 선보인다 하여.

태평성대에 총통 같은 걸 어디다 쓴다고?

평시에도 준비를 하는 것이 군관의 의무인 줄 압니다.

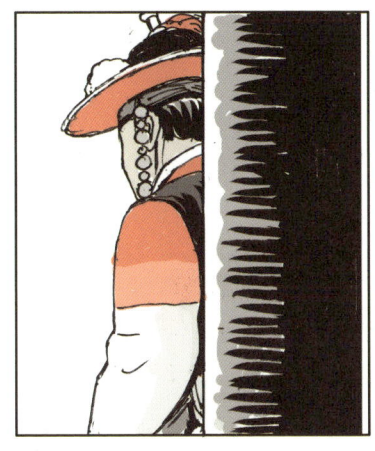

쯧쯧! 사람이 저리 풍류가 없어서야 원…

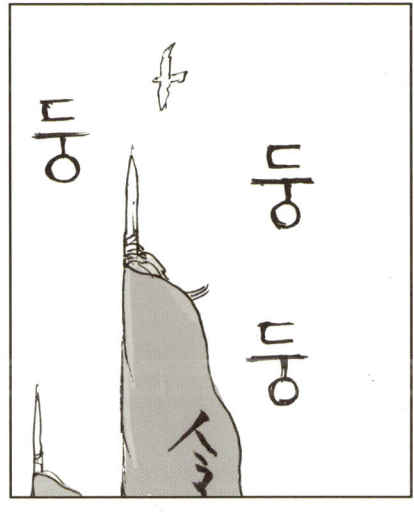

1583년 함경도 회령.

두만강 유역 번호(藩胡)의 수장
니탕개가 반란을 일으키자

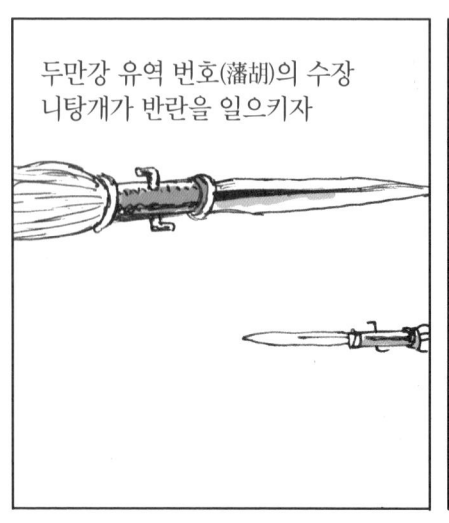

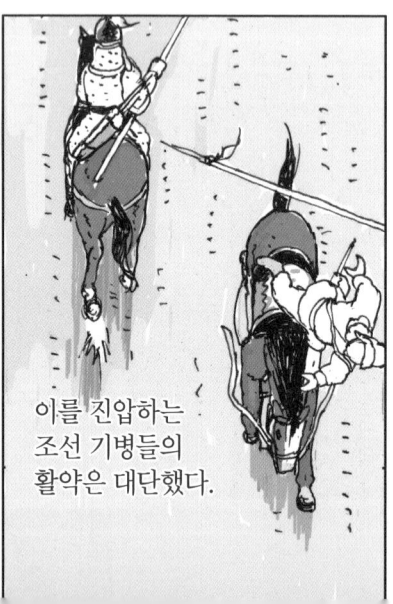

이를 진압하는
조선 기병들의
활약은 대단했다.

지형지물을 이용한 뛰어난 전술과 기동력으로 상대를 압도했다.

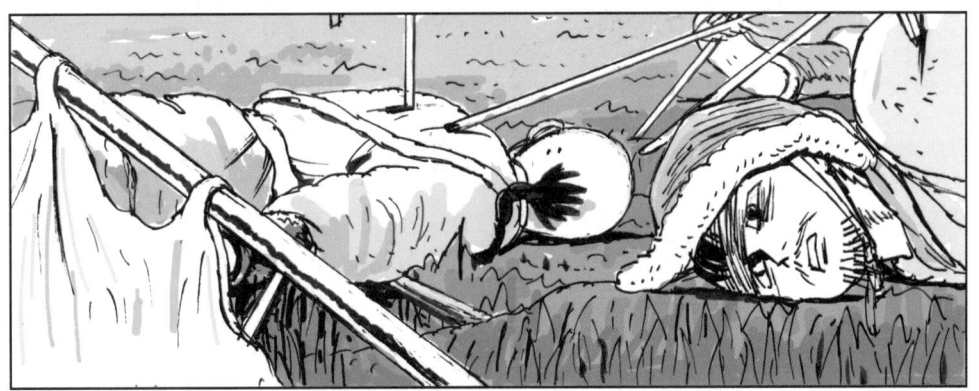

결국 니탕개는 수많은 군사를 잃고 멀리 달아날 수 밖에 없었다.
4군 6진 개척 이후 조선이 거둔 가장 큰 승리였다.

온성부사 신립이 군사를 몰아 소굴까지 소탕했다 하니 한시름 놓게 되었어.

수고가 많았네.

완전히 안심할 일은 아니지 싶습니다.

함경도 순찰사 정언신

아니, 북방 오랑캐들 난동이야 종종 있는 일이고, 우리 기병이 이리 굳건한데 무슨 걱정인가?

맞는 말씀입니다만 언제까지 기병만 믿고 있을 순 없지 않겠습니까.

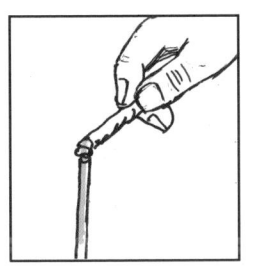

보병도 더 늘리고 이번에 큰 활약을 한 승자총통 같은 화기도 더 개발하여…

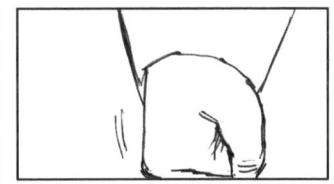

2화 마부작침*

*마부작침(磨斧作針): 도끼를 갈아서 바늘을 만든다는 뜻으로, 아무리 어려운 일이라도 끊임없이 노력하면 반드시 이룰 수 있다는 말이다.

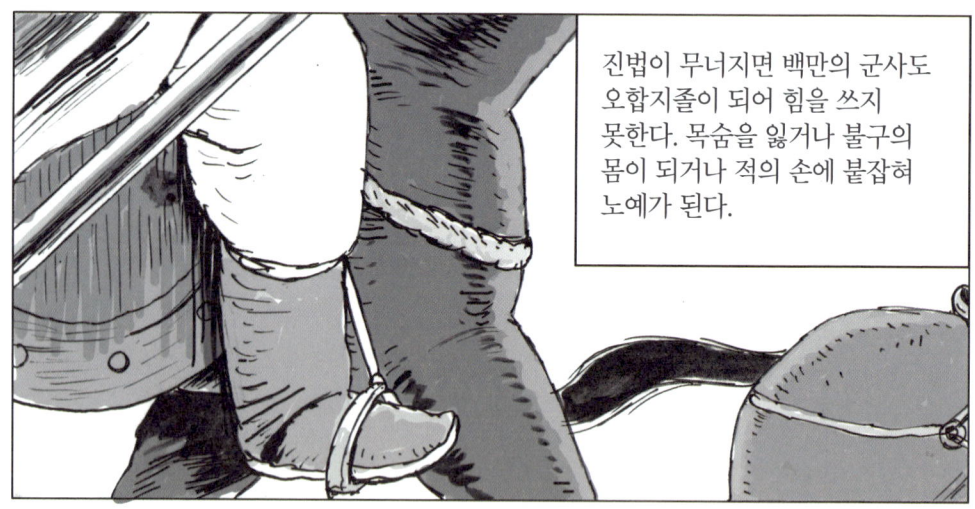

진법이 무너지면 백만의 군사도 오합지졸이 되어 힘을 쓰지 못한다. 목숨을 잃거나 불구의 몸이 되거나 적의 손에 붙잡혀 노예가 된다.

그러므로 장수 된 자는 병사들을 살리기 위해서라도 끊임없는 반복 훈련을 통해 진법을 완성시켜야 한다.

뿌우―

기사출(騎射出)!

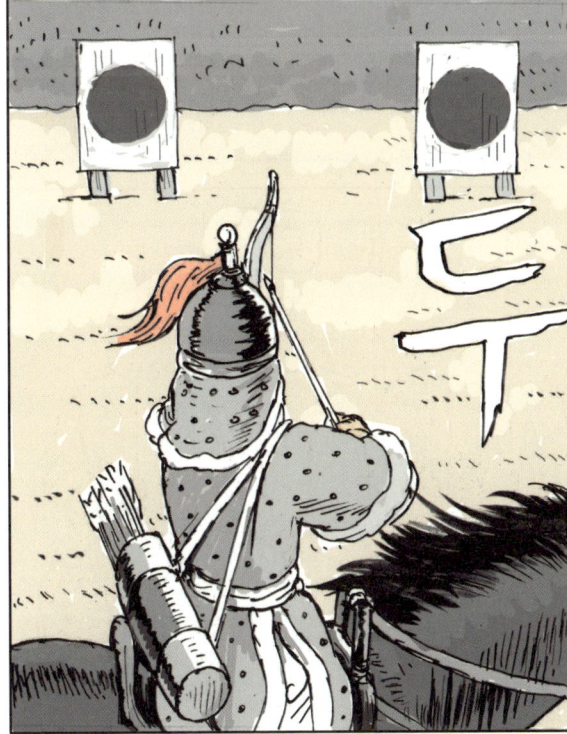
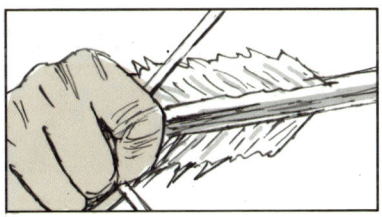

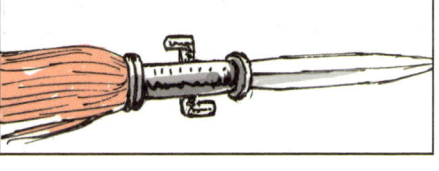

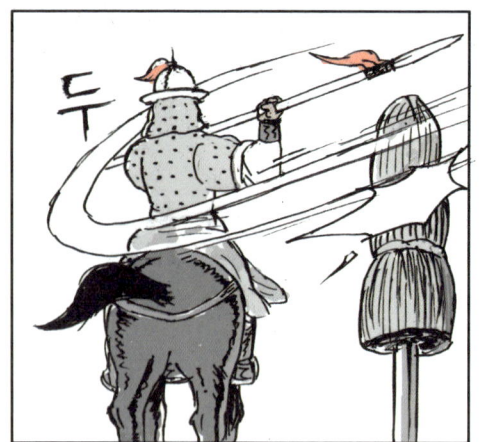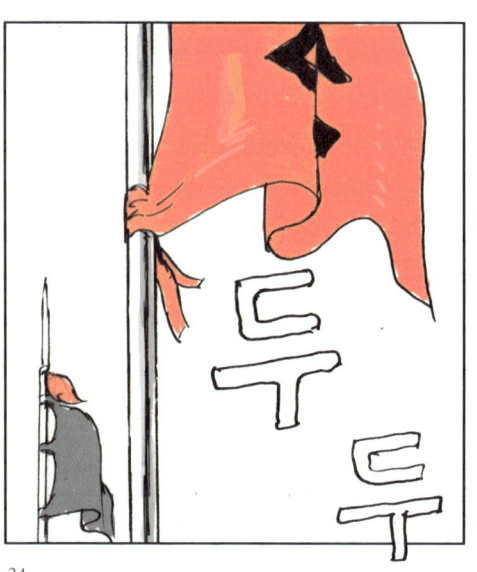

보병출(步兵出)!

휘(麾)도 오색, 기(旗)도 오색!
휘로 지휘하고, 기로 응하네!

둥 둥 둥 둥

중축은 황색,
후형은 흑색, 전형은 적색,
좌익은 청색,

우익은 백색,
모두가 알맞구나.

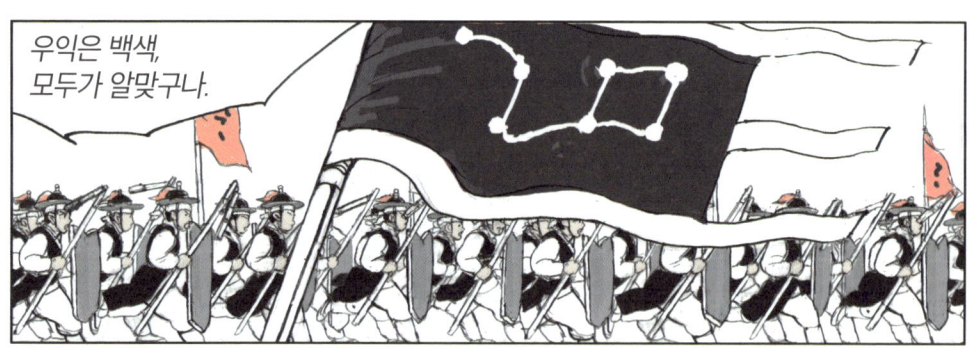

동서남북 방향은
휘의 지(指)에 따르되,
들면 출동이요

내리면 정지일세.
휘두르면 기병과
보병이 함께 싸우되,

첫 징 치면 싸움 늦추고,

두 번째엔 그치고,

세 번 치면 등 돌리고, 네 번 치면 물러서고,

다섯 번째엔 급히 달려 본진으로 돌아오니

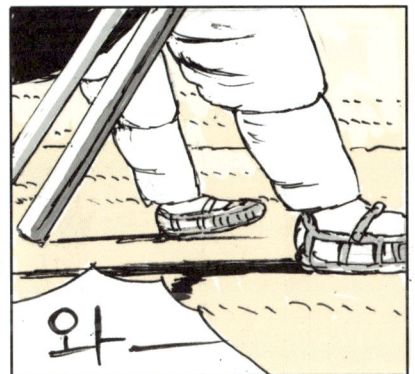

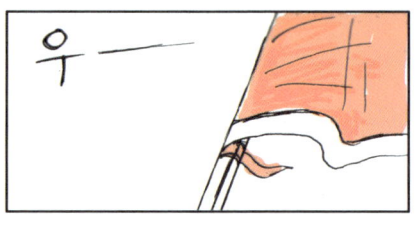

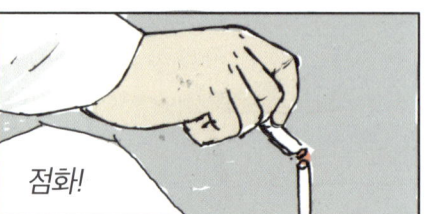

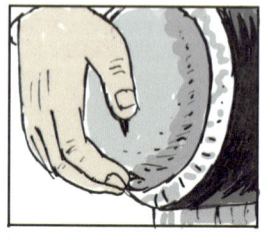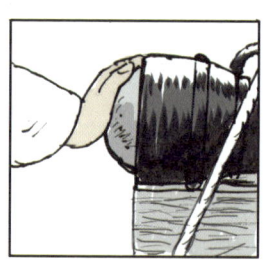

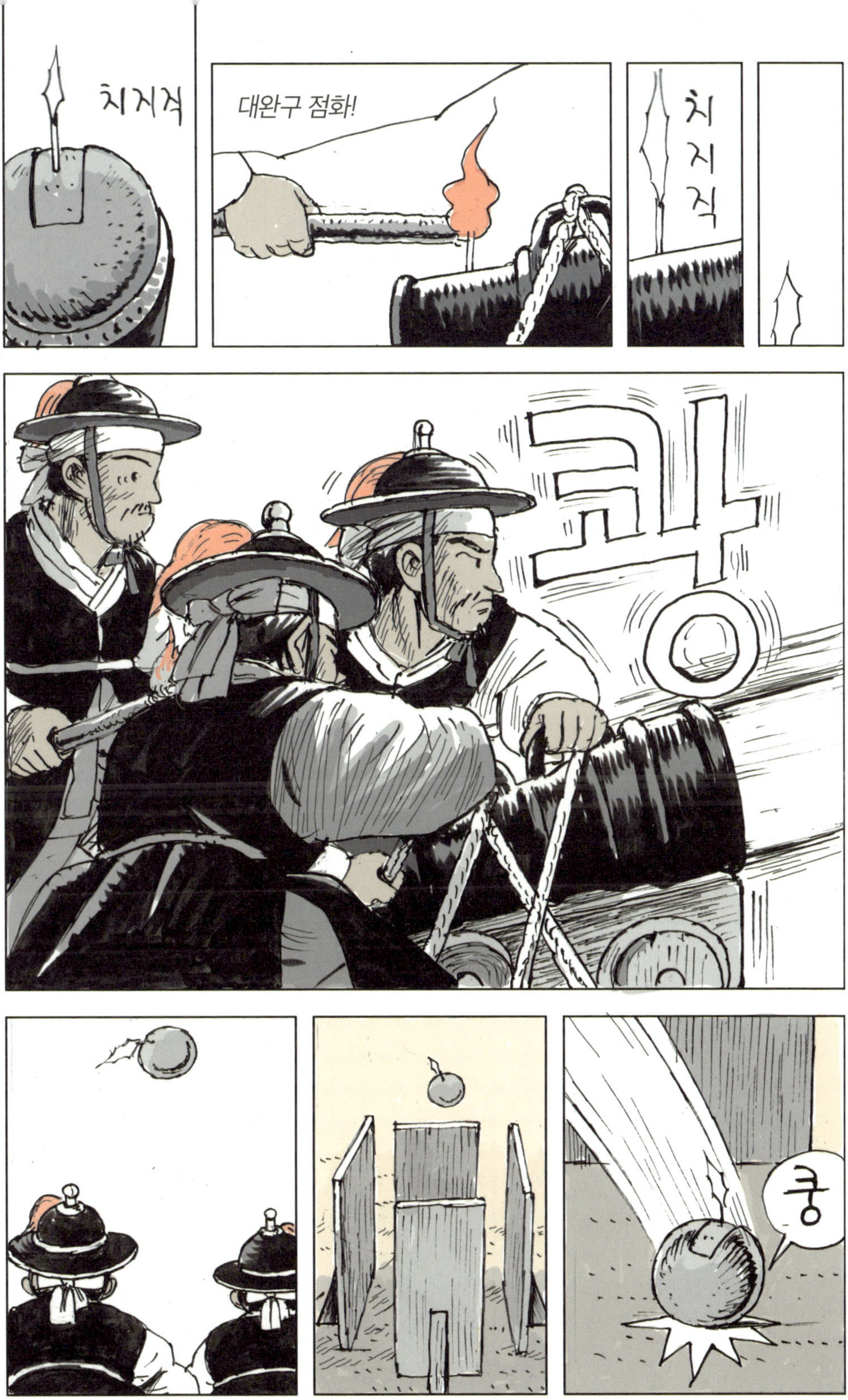

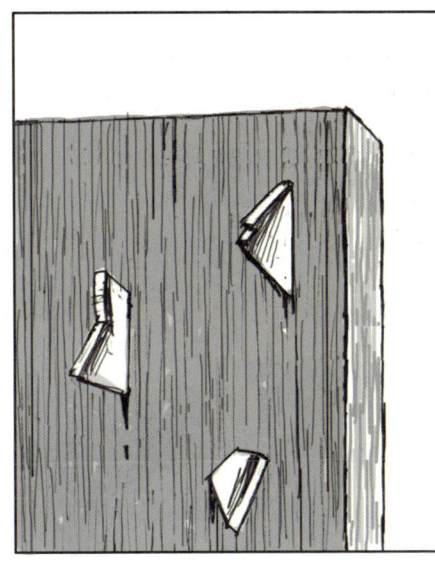

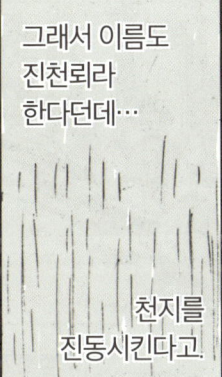

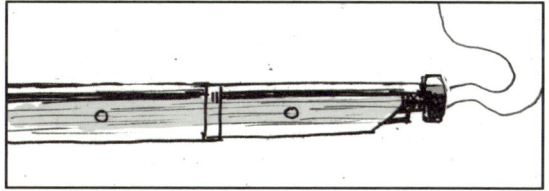

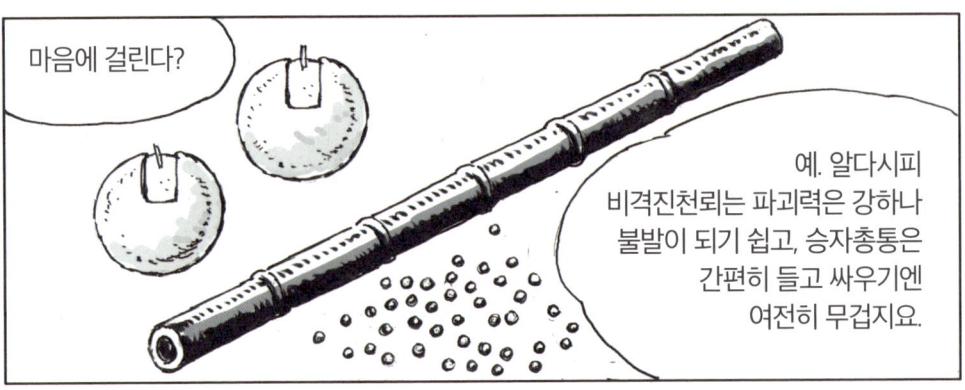

물론 저의 기우일 것이라 믿습니다만…

그러니까 자네 걱정은 그런 간편한 화구를 왜구들이 이미 만든 게 아닌가 이 말이군.

아닐세.

나쁜 일은 늘 지나친 경계보다 터무니없는 안심에서 오는 법 아니겠는가!

그런 걱정이 들수록 비격진천뢰와 승자총통의 개량을 서둘러주게나.

예.

도끼를 갈아 바늘을 만드는 마부작침의 자세로 덤비겠습니다.

3화 누란지세*

부산포(釜山浦).

*누란지세(累卵之勢): 알을 포개어놓은 듯한 형세라는 뜻으로, 몹시 위태로운 형세를 비유하는 말이다.

왜관 앞 일본인 마을.

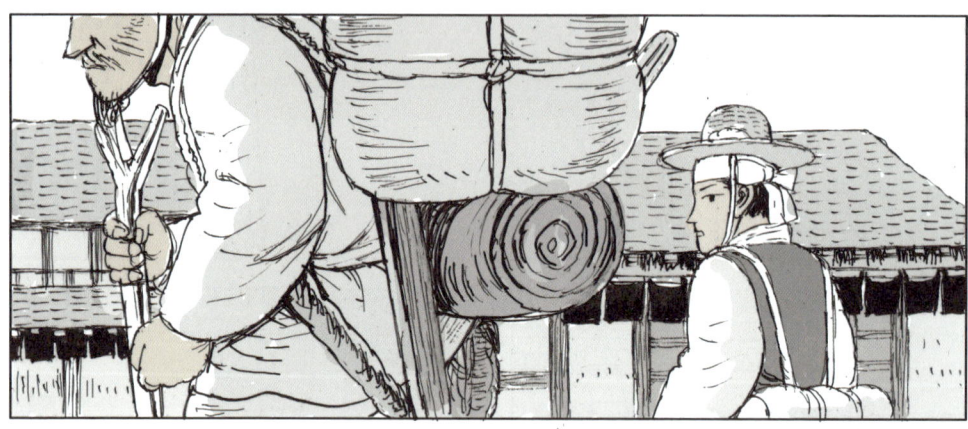

부산진성(釜山鎭城).

경상좌도수군
첨절제사 진영.

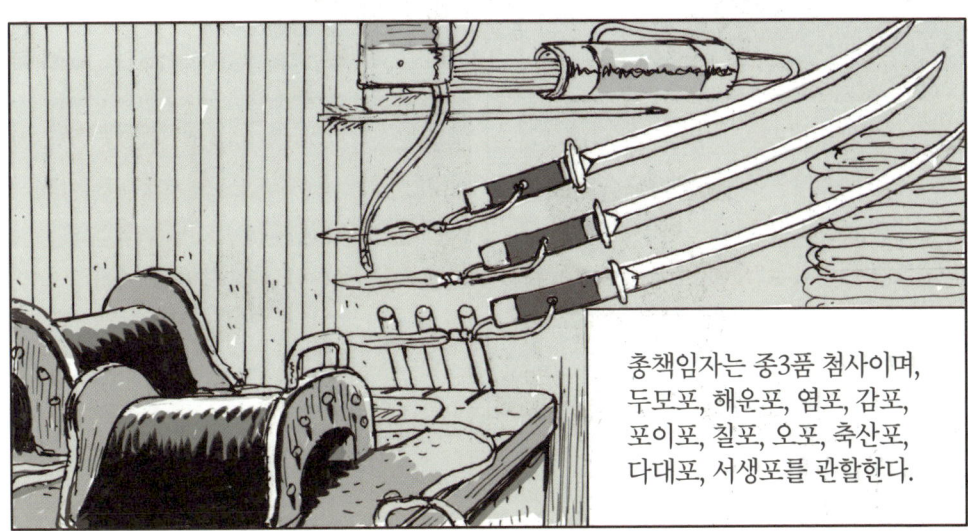

총책임자는 종3품 첨사이며,
두모포, 해운포, 염포, 감포,
포이포, 칠포, 오포, 축산포,
다대포, 서생포를 관할한다.

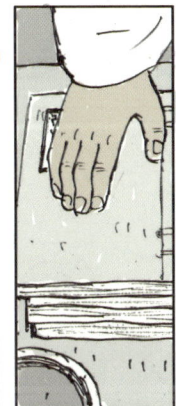

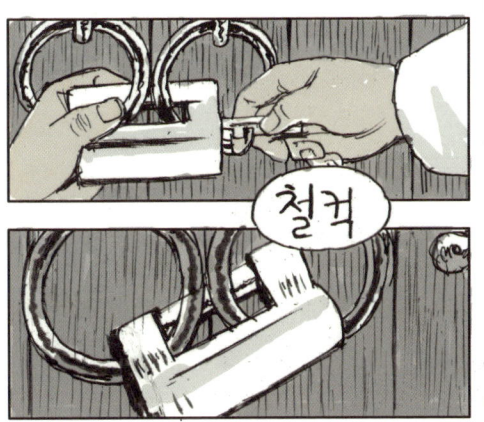

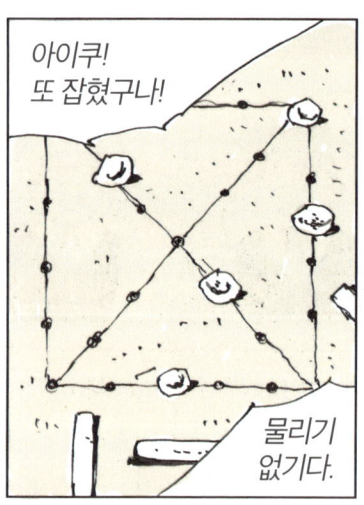

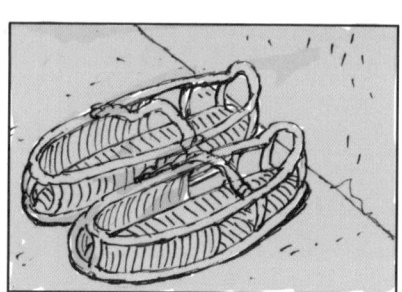

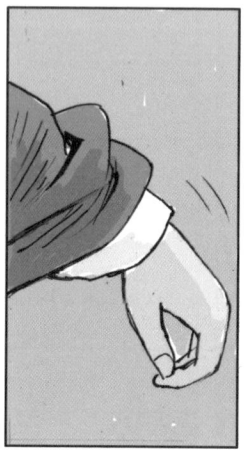
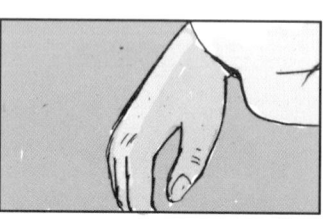

끼이

영덕이 들어왔나?

예, 아버지.

위험하니까 왜관 댕기는 일은 고마하라고 아부지가 했나, 안 했나?

에미 없다고 오냐오냐 키웠더만 기집아가 무서븐 줄 모르고.

어무이 소식을 다시 들을 수 있을까 싶어 갔다 아입니꺼. 지난번에 왜관 상인이 쓰시마에서 어무이 같은 사람을 봤다 케서예.

지는 전쟁이 나든 말든 우리 어무이만은 꼭 찾을 깁니더. 남복까지 해가면서 왜말을 배우러 댕긴 것도 그래서고예.

아부지도 다 안다. 그래서 나도 이적지 암말 안 했던 기라.

그래, 왜말은 많이 늘었나?

어려븐 말이야 모르지만 어지간한 말 정도는 알아묵심더.

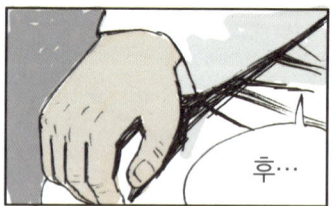
후…

니한테도, 느그 어메한테도…

아부지가 참 미안테이.

안사람 하나 지켜내지 못한 사내가 나라를 지킨다고 이라고 있으이.

그기 어데 아부지 잘못입니꺼…

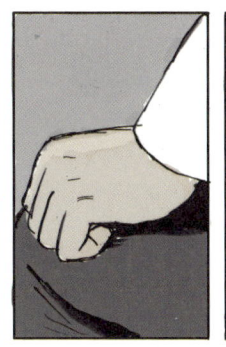
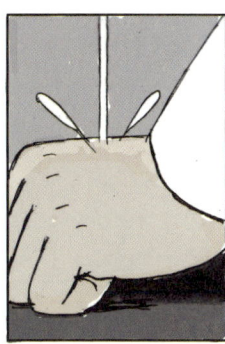

그나저나 왜놈들한테 끌려간 지 벌써 다섯 해가 넘어가는데 우리 어무이는 어데서 우예 지내시는지…

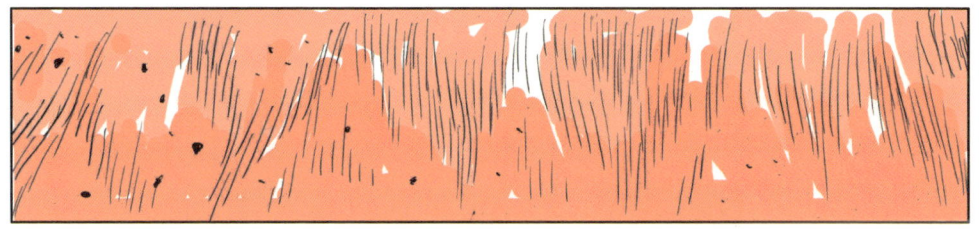

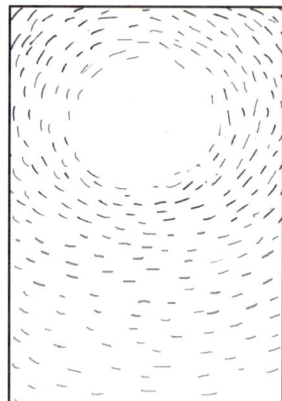

이를 어쩔거나, 어쩔거나!

아이고, 아이고!

1592년(임진) 4월 10일
일본 쓰시마 오우라항.

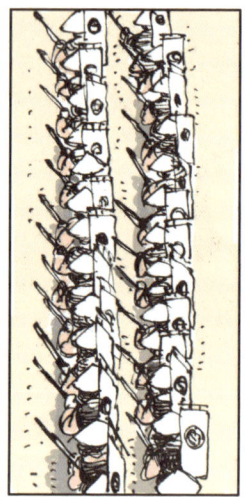

어무이!

영덕아!

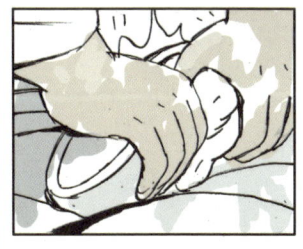

우짜노.

이 일을 우짜노.
조선 팔도가
불바다가 될 낀데…
우짜믄 좋노…

*초미지급(焦眉之急): 눈썹에 불이 붙었다는 뜻으로, 매우 위급한 상황을 이른다.

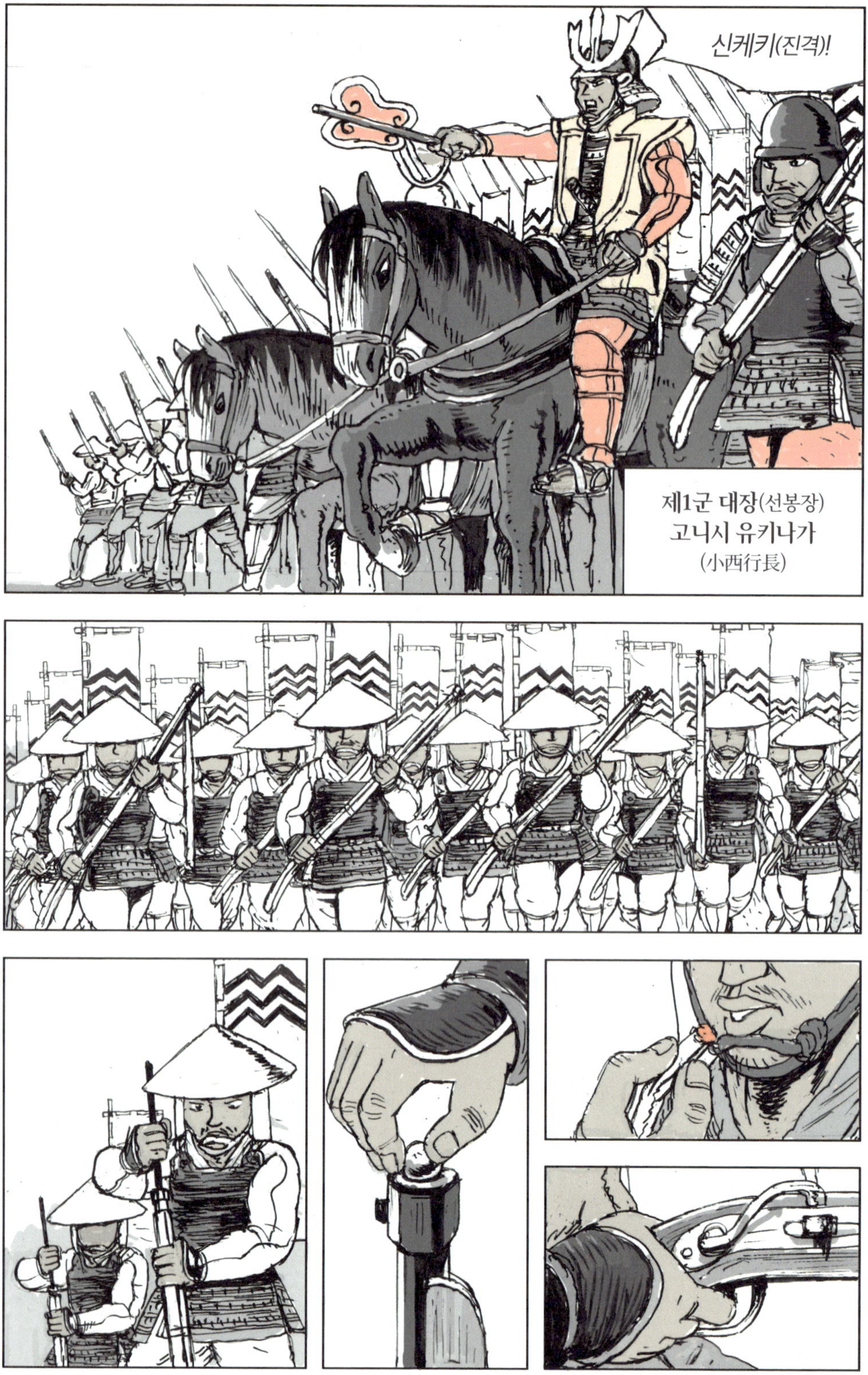

봉수가 오르고 파발이 달렸지만 쓰시마의 오우라항을 출발한 선봉대가 부산포에 쏟아져 내리는 것을 막을 수는 없었다.

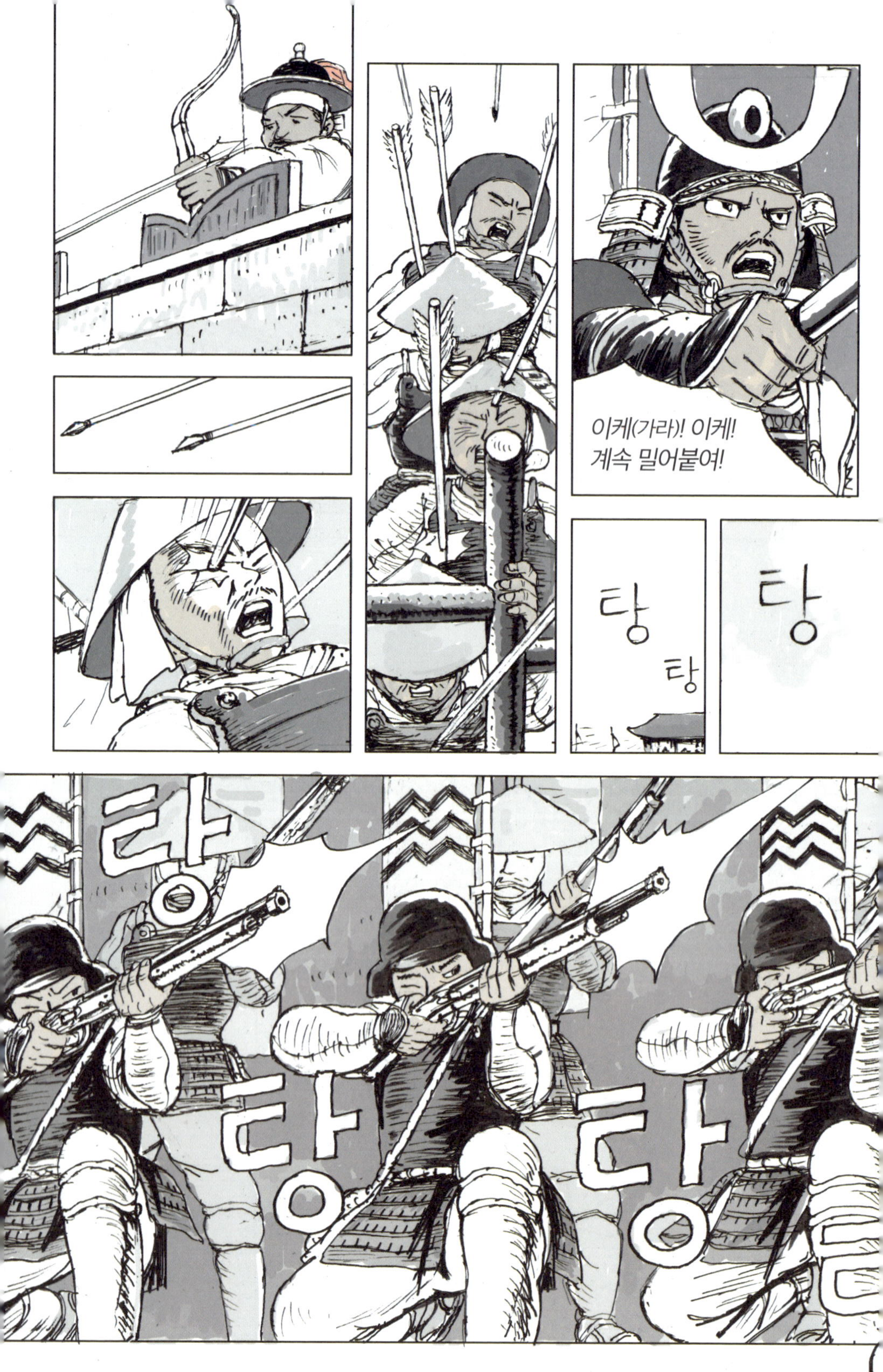

이케(가라)! 이케! 계속 밀어붙여!

탕
탕
탕

타
탕
탕

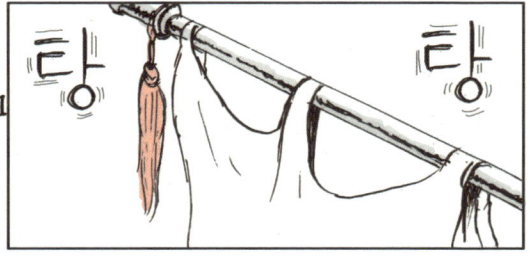

부산진첨사 정발과 동래부사 송상현은 살기를 도모하지 않고 항전했으나 왜군이 퍼붓는 조총의 화력 앞에선 결사의 의지도 통하지 않았다.

제2군 대장(선봉장)
가토 기요마사
(加藤淸正)

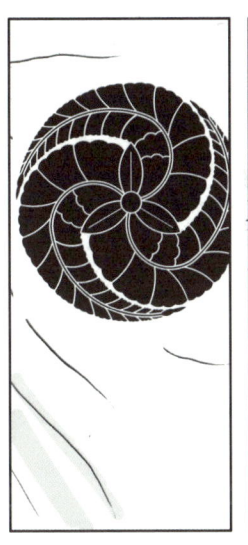

제3군 대장
구로다 나가마사
(黑田長政)

선봉대가
들어온 후
4~5월에 걸쳐
끊이지 않고
닻을 내린
왜군의
후속 부대는
모두 20만에
이르렀다.

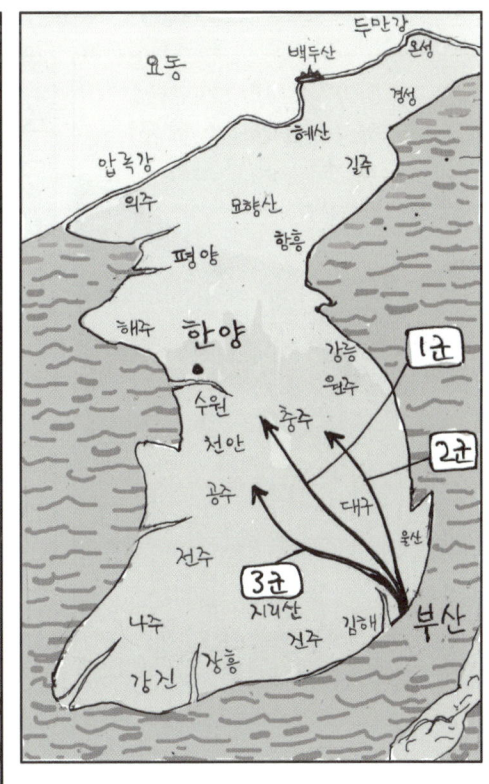

부산을 손쉽게 함락한 일본군은 세 갈래로 나눠 서울을 향해 파죽지세로 북진하고 있었으나

상황을 잘못 판단한 조정은 자충수만 두고 있었다.

경복궁.

왜구들이야 늘상 바닷가에서 노략질하던 자들이니 수전에선 강해도 육전에선 맥을 쓰지 못할 것이외다.

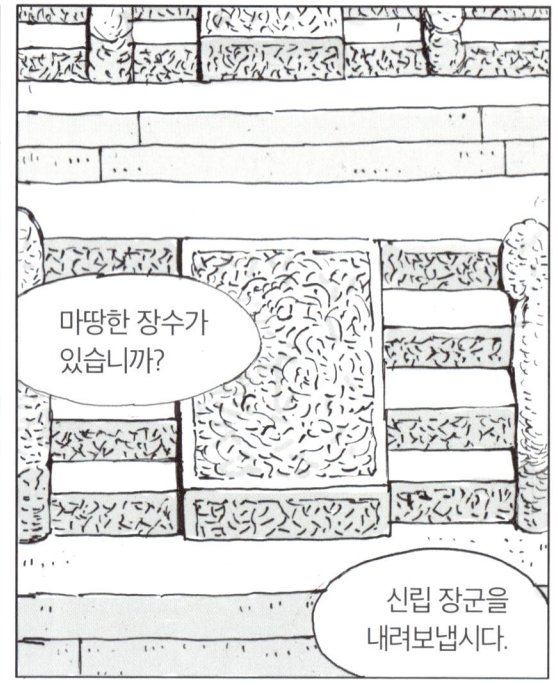
마땅한 장수가 있습니까?

신립 장군을 내려보냅시다.

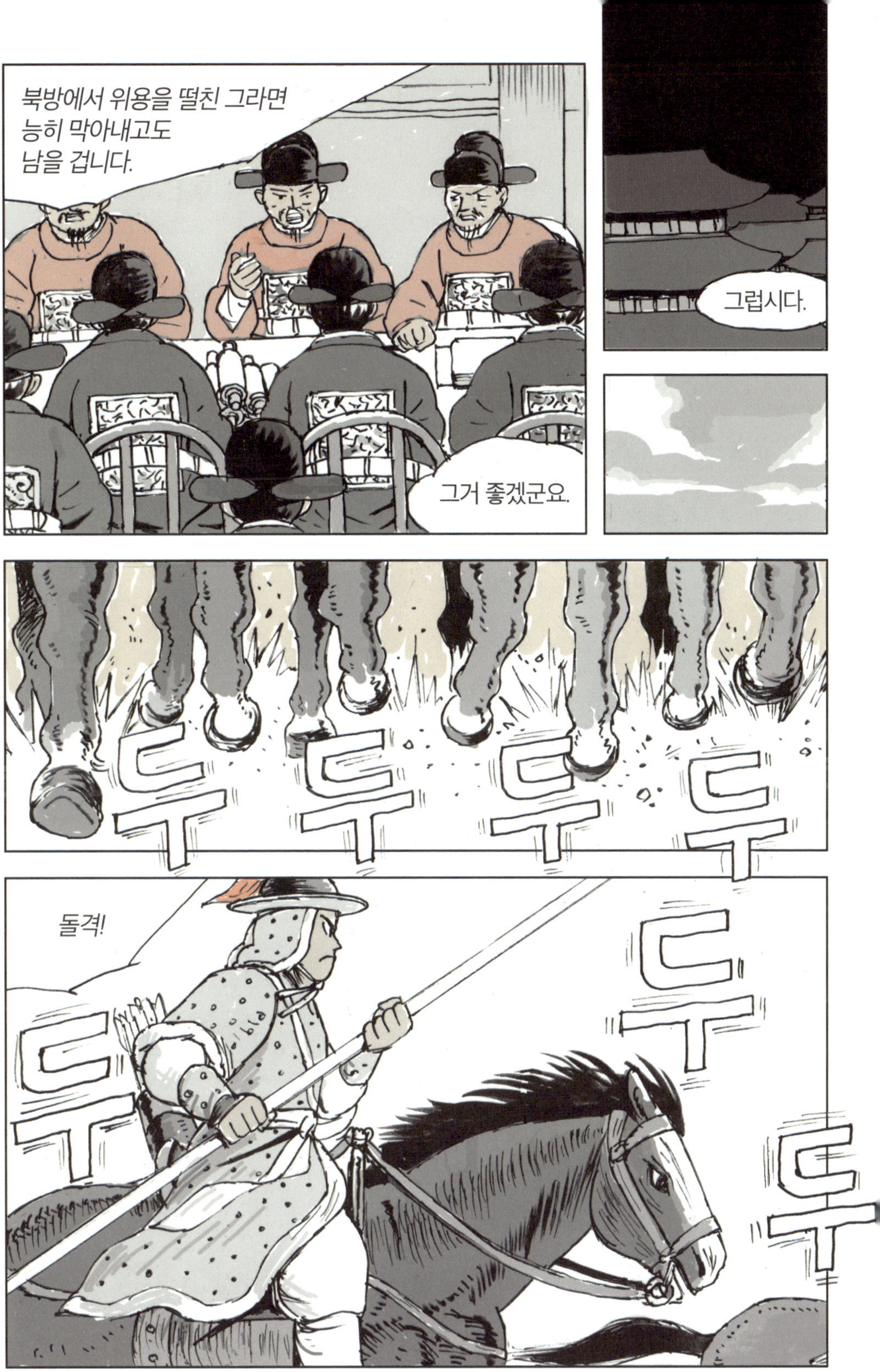

북방에서 위용을 떨친 그라면 능히 막아내고도 남을 겁니다.

그겁시다.

그거 좋겠군요.

돌격!

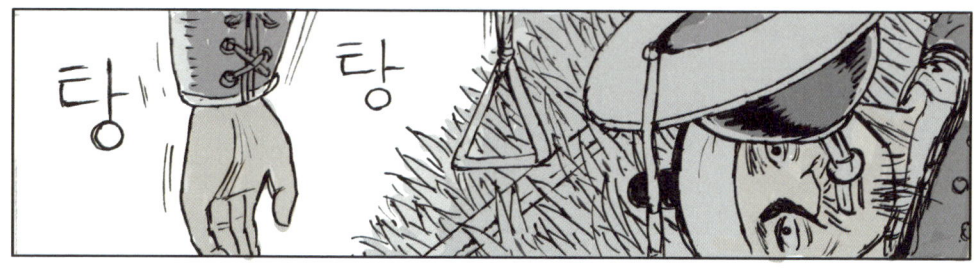

그러나 훈련된 병사와 말이 부족해 농민들의 노새까지 동원한 신립의 기마대는 탄금대 앞 습지대 벌판에서 조총의 과녁이 되어 무참히 쓰러져갔다.

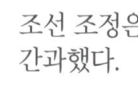
조선 조정은 간과했다.

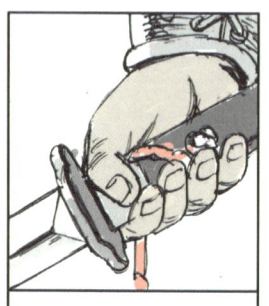
병졸 한 사람도 하루아침에 만들어낼 수 없다는 사실과

이제껏 상대한 북방 여진족과 조총으로 무장한 왜의 보병은 판이하게 다르다는 것을…

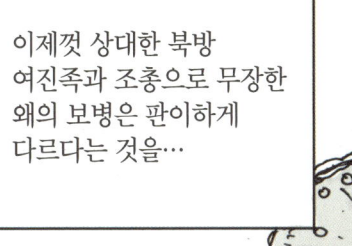

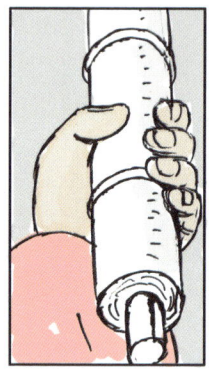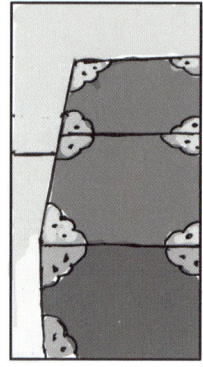

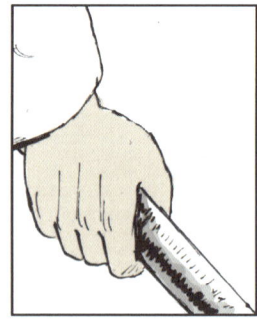

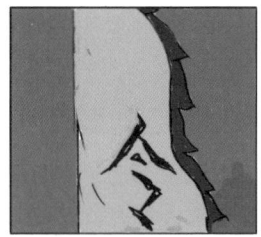

5화 연진천리*

*연진천리(煙塵千里): 병마의 발굽에서 일어나는 먼지가 천리에 걸쳐 끊이지 않는다는 뜻으로, 온 세상이 전란으로 어지러움을 이른다.

이경이 지리산에서 병사한 후 김시민은 성민들을 안심시켜 다시 진주성으로 돌아왔다.

아이쿠! 편타!

내 집에서 두 발 쭉 뻗고 눕는 게 최고지.

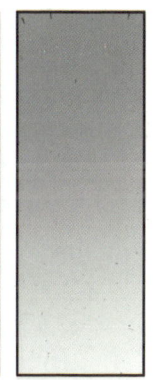

목사또께서 하실 말씀이 있으시다 하오. 성민들은 어서 모이도록 하오.

목사또께서?

어여 가봅시다.

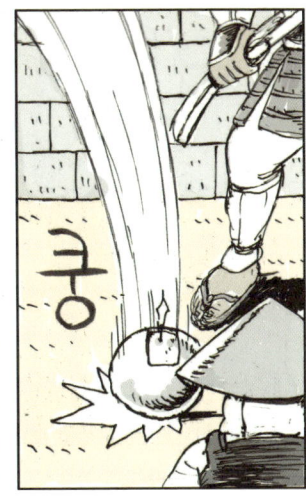

난다 고레
(이게 뭐야?)

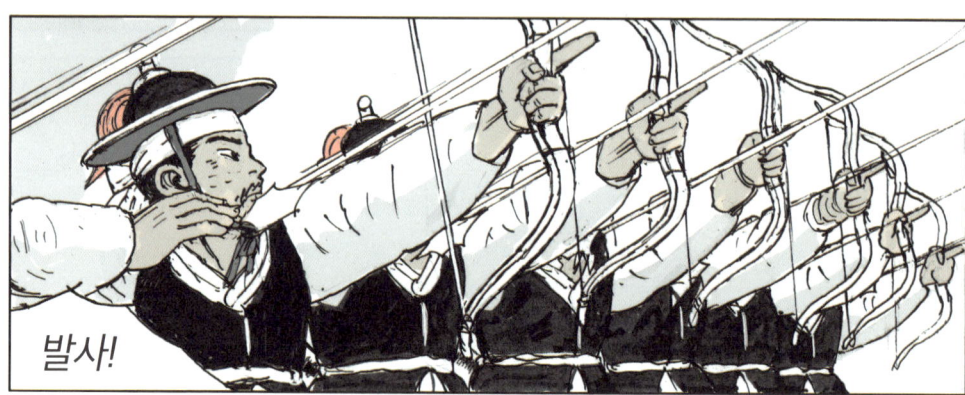

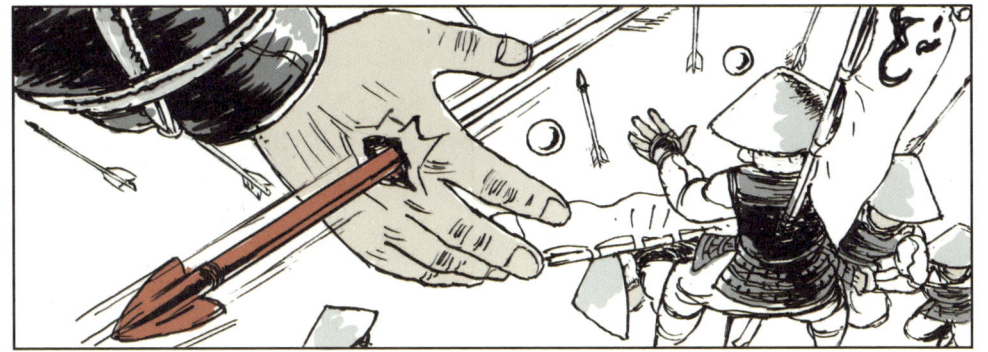

우리가 이기뻿다~

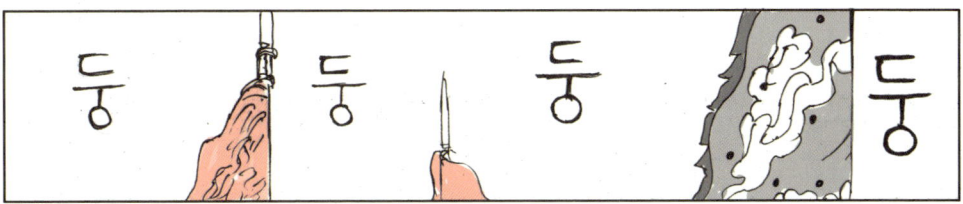

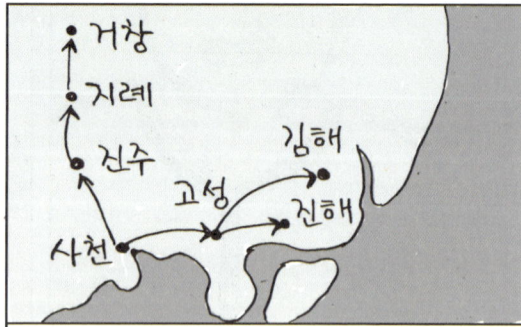

내친걸음, 호랑이 등에 탄 기호지세로 김시민의 군사는 곽재우가 이끄는 경상우도 의병과 연합해 고성, 진해, 거창까지 탈환했다.

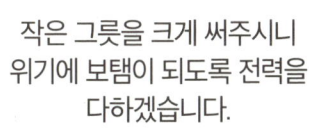

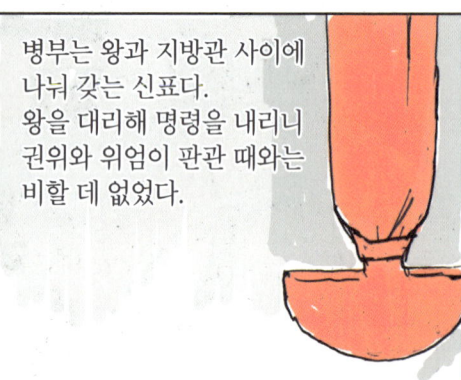

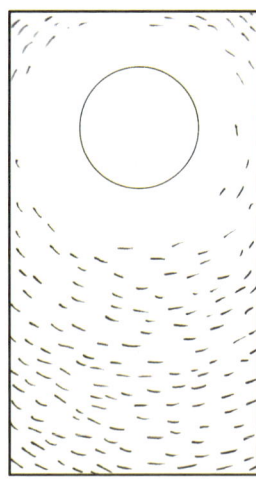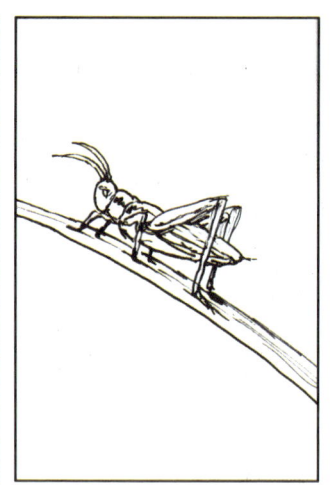

8월 중순.

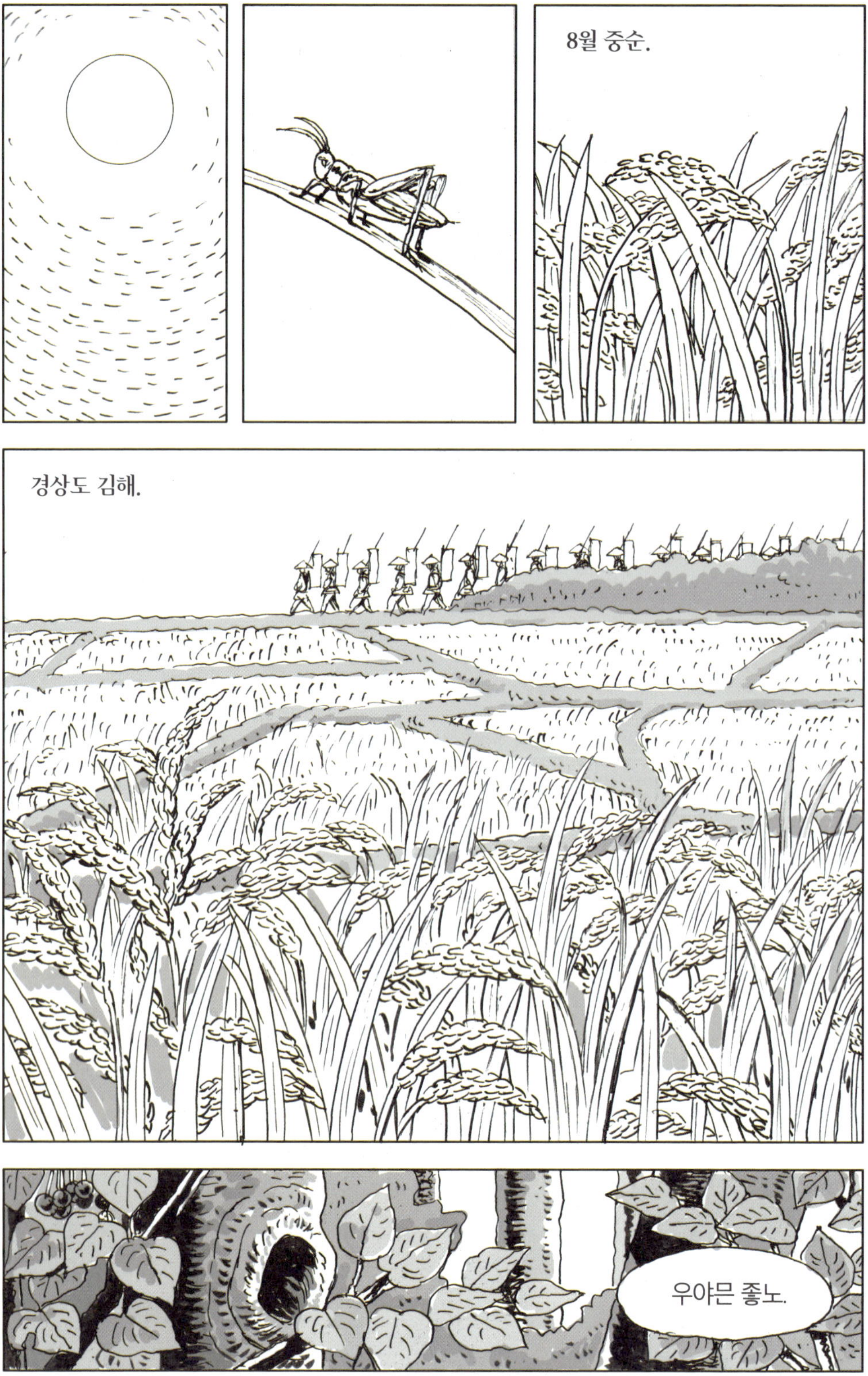

경상도 김해.

우야믄 좋노.

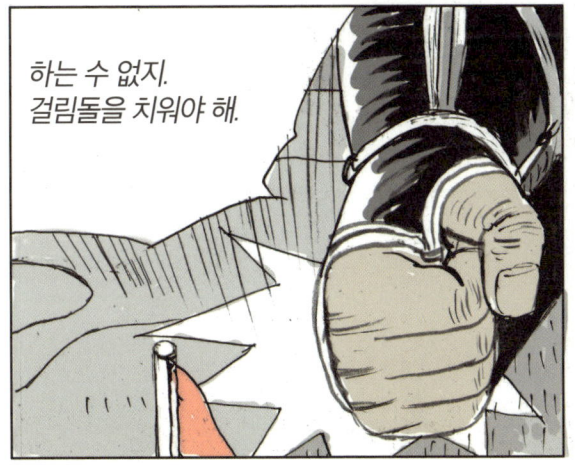

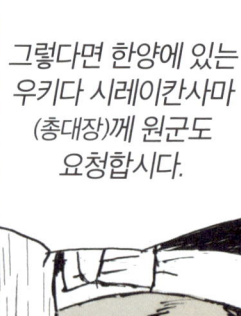

그렇다면 한양에 있는 우키다 시레이칸사마(총대장)께 원군도 요청합시다.

그게 좋겠소. 적국 공략은 간파쿠사마(관백)의 뜻이기도 하니.

이순신이란 자 때문에 남해 바닷길로는 갈 수 없게 돼버려 관백께서 노발대발이오.

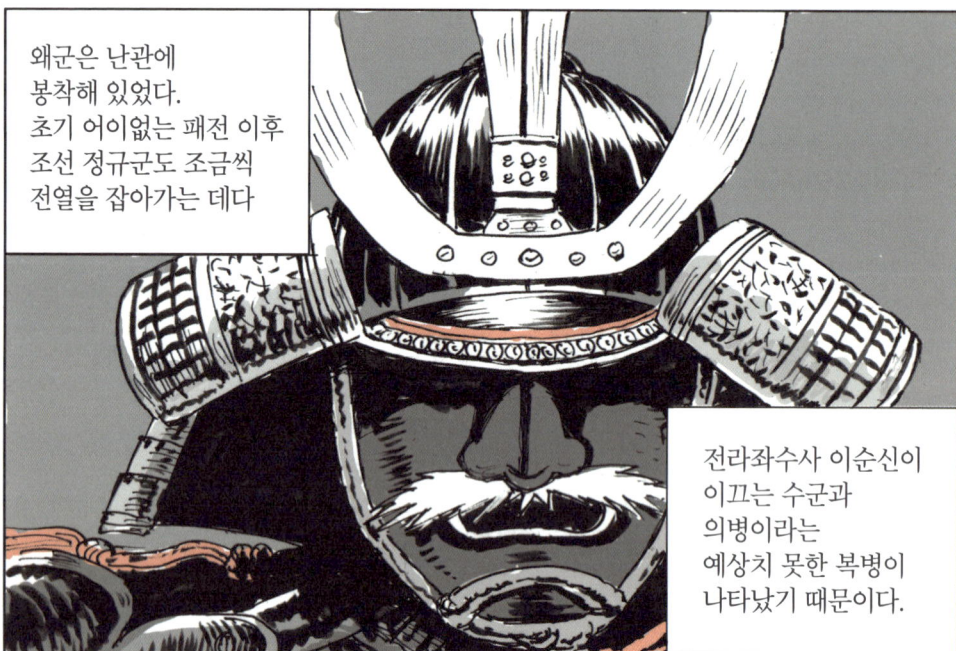

왜군은 난관에 봉착해 있었다. 초기 어이없는 패전 이후 조선 정규군도 조금씩 전열을 잡아가는 데다

전라좌수사 이순신이 이끄는 수군과 의병이라는 예상치 못한 복병이 나타났기 때문이다.

총대장 우키다 히데이에는 진주성 공격을 위해 봉행(奉行) 중 하나인 가토 미츠야스를 내려보냈다.

그렇게 집결한 왜군의 수는 3만에 달했다.

이는 임진왜란 발발 이후 단일 전투를 위해 동원한 최대 병력이었다.

*무중생유(無中生有): 무에서 유를 만들어낸다는 뜻으로, 없어도 있는 것처럼 보이게 하고 허와 실을 뒤섞어 적의 실책을 유도하는 계책을 이른다.

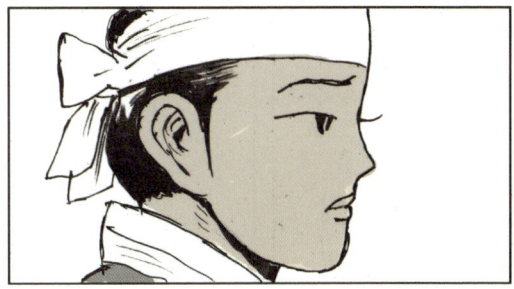

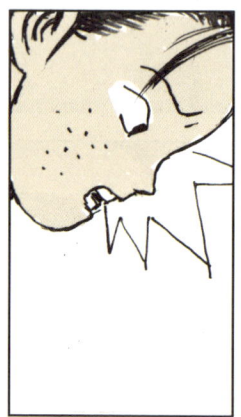

으...

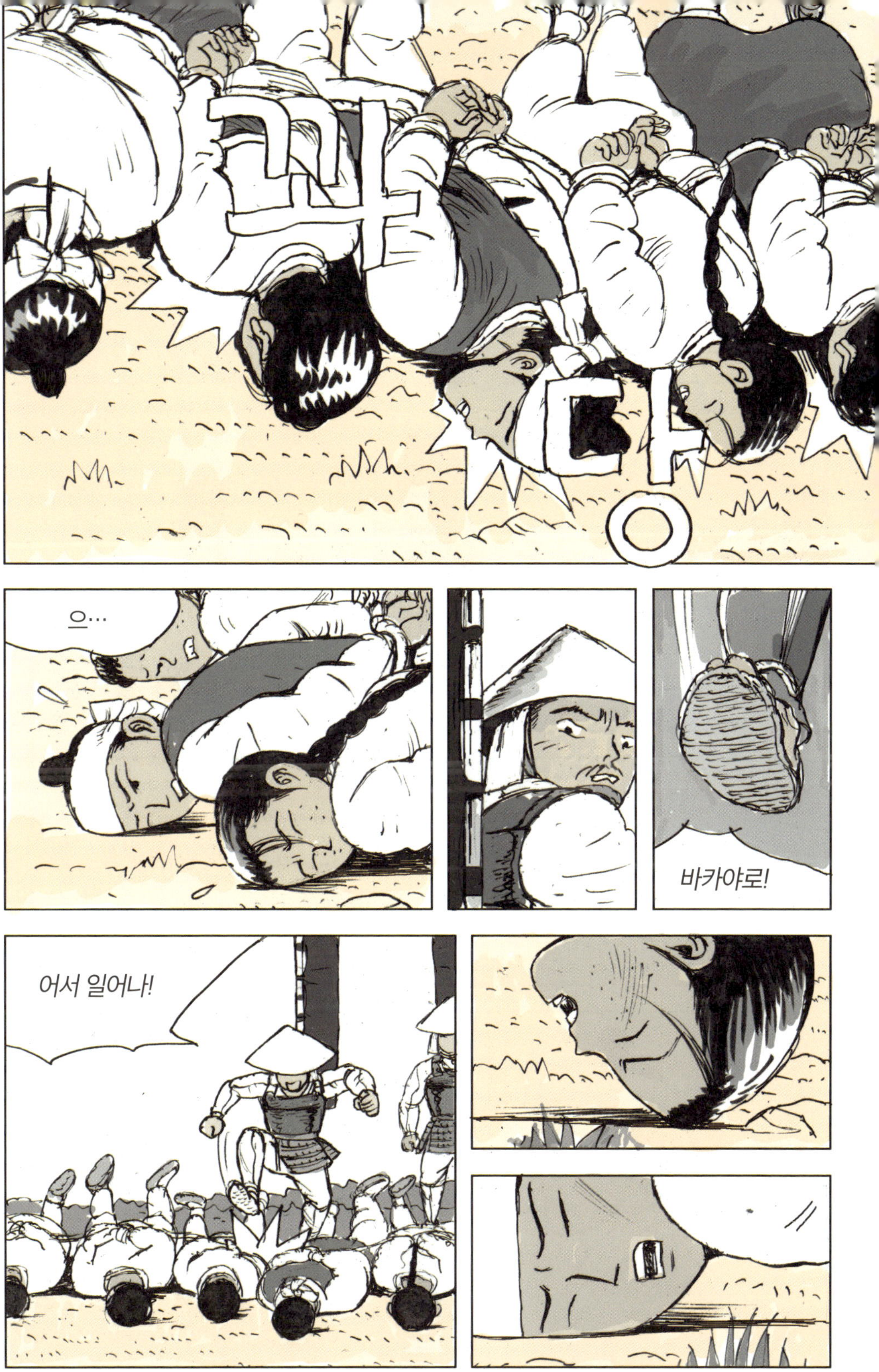

바카야로!

어서 일어나!

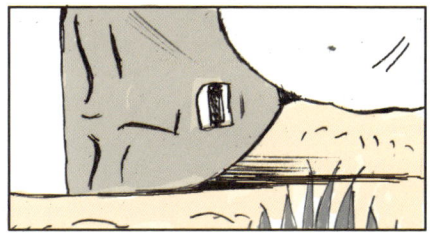

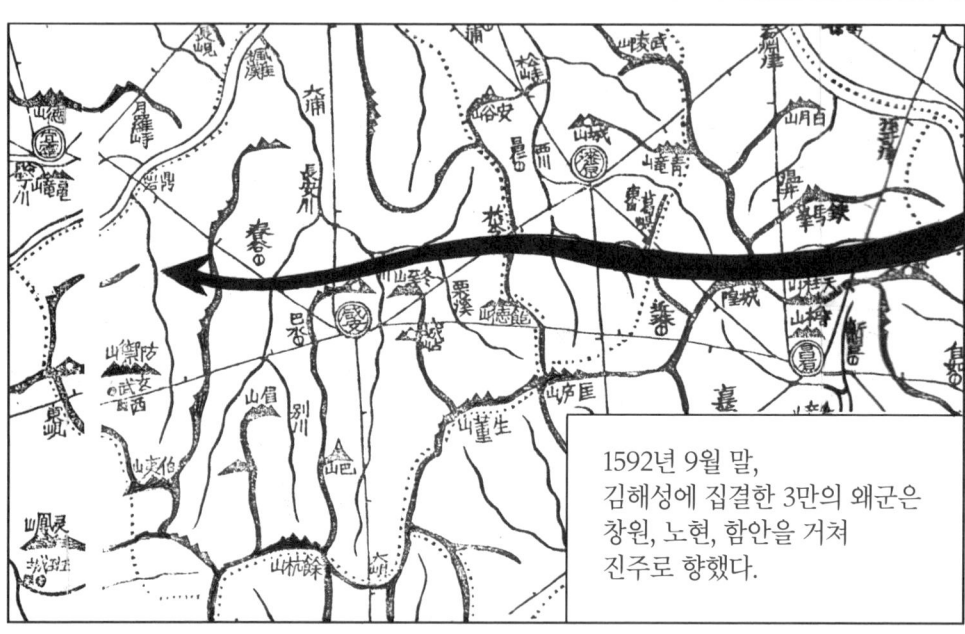

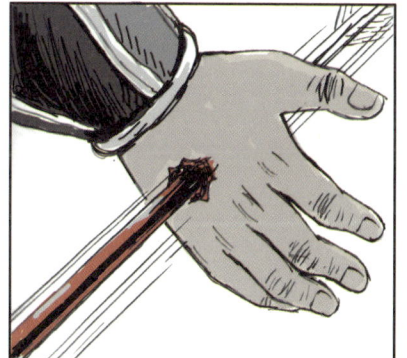  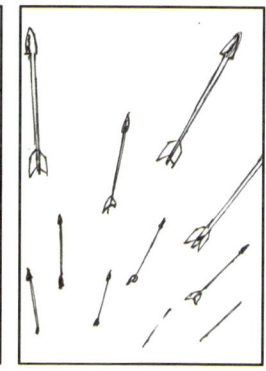

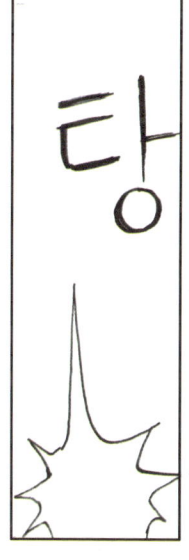  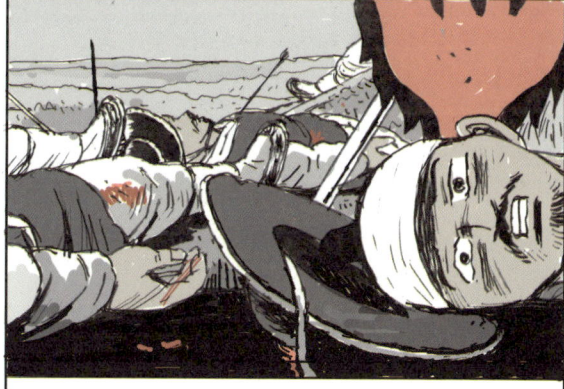

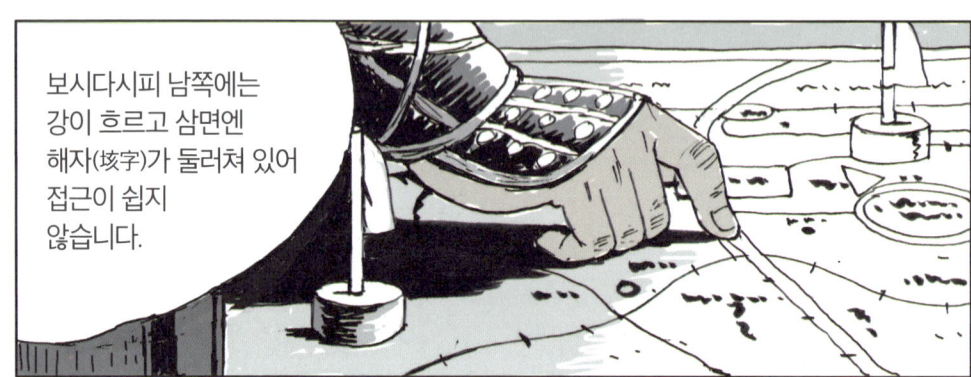

보시다시피 남쪽에는 강이 흐르고 삼면엔 해자(垓字)가 둘러쳐 있어 접근이 쉽지 않습니다.

게다가 외곽에서는 성의 뒷산을 거점으로 잇키 부대까지 협공을 하는 상황이라…

그나마 뚫을 수 있는 곳은 여기 동문이겠군.

음… 까다롭구먼. 그럼 성 밖에 있는 놈들을 이용하는 수밖에.

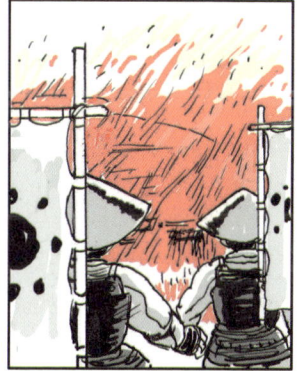

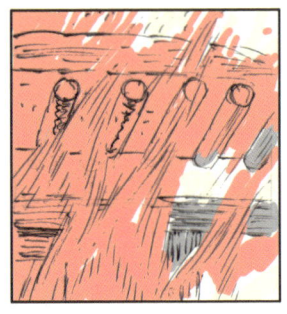

이를 우짜노! 우리 집 다 타부린다.

내가 저 세간을 우째 일궜는데…

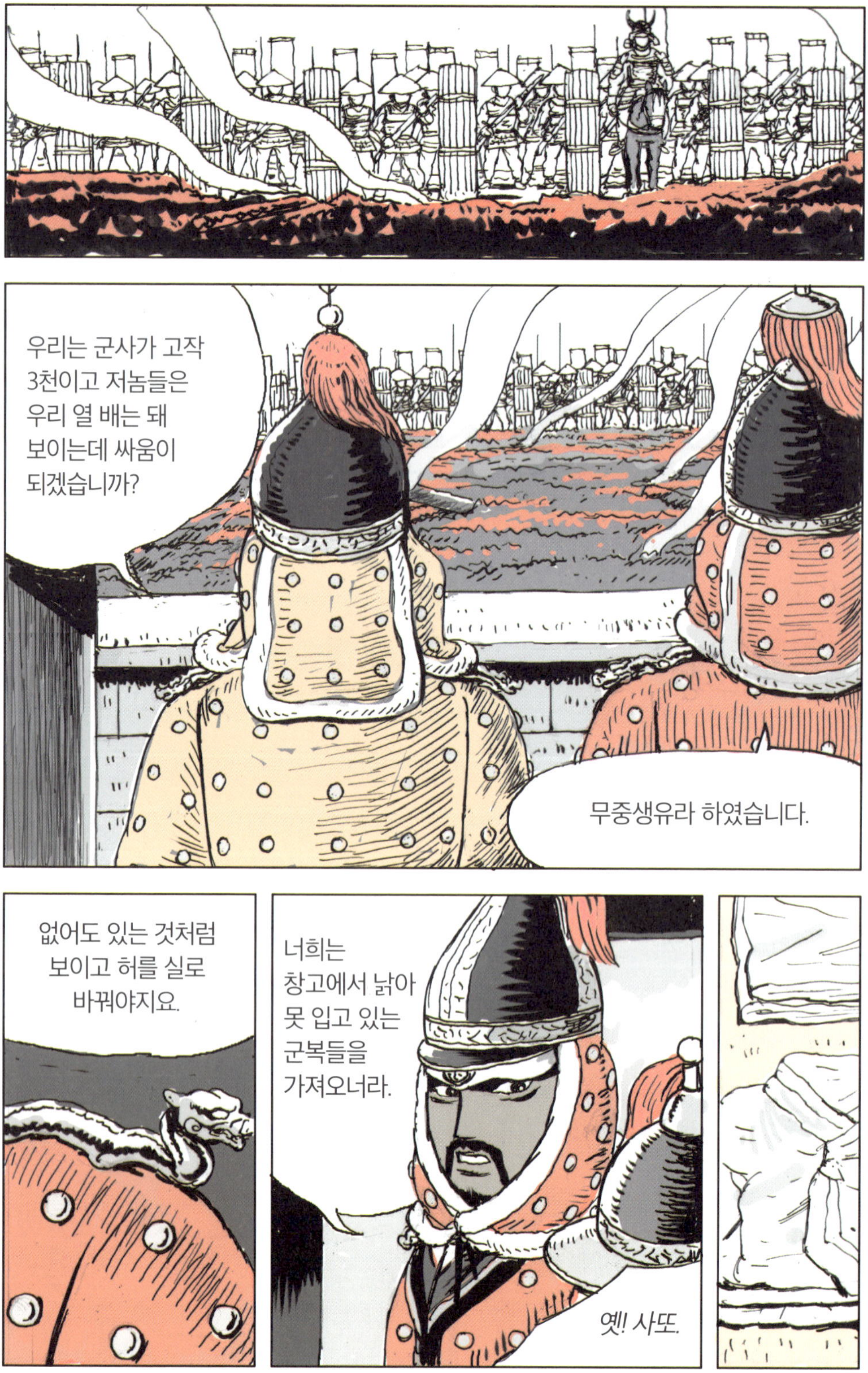

우리는 군사가 고작 3천이고 저놈들은 우리 열 배는 돼 보이는데 싸움이 되겠습니까?

무중생유라 하였습니다.

없어도 있는 것처럼 보이고 허를 실로 바꿔야지요.

너희는 창고에서 낡아 못 입고 있는 군복들을 가져오너라.

옛! 사또.

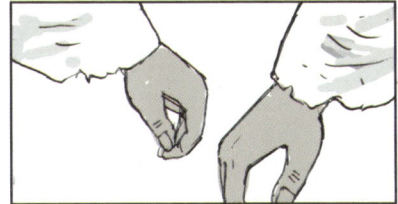

군역 끝난 지가 엊그젠데 이노무 거를 또 입을 줄 누가 알았겠노?

아따, 군복을 입응께 10년은 젊어 보이요.

잉?

맞소. 새장가 들어도 되겠소.

예끼, 이 사람.

저들이 우리의 군세를 착각하도록 노인장들은 적들이 잘 보이는 성벽에 서시오.

예.

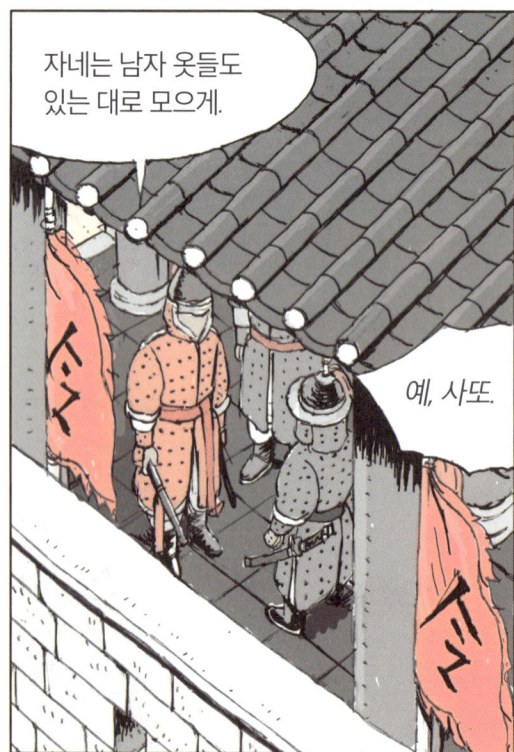

자네는 남자 옷들도 있는 대로 모으게.

예, 사또.

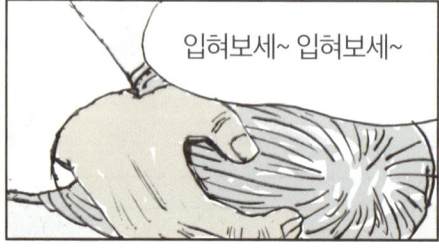

입혀보세~ 입혀보세~

무중생유 허수아비~

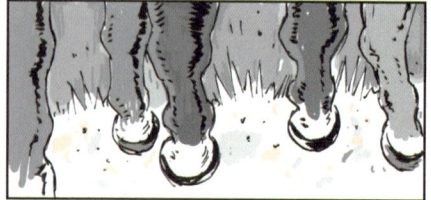

나는 경상우병사 유숭인이다. 어서 성문을 열어라!

어찌 그러십니까? 한 사람의 관군이 아쉬운 마당에…

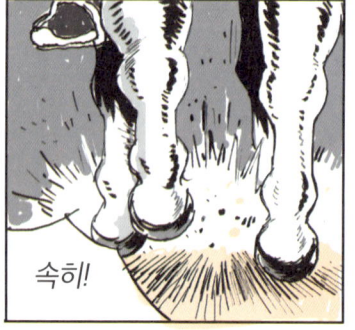

용서하십시오.
우병사 어른.

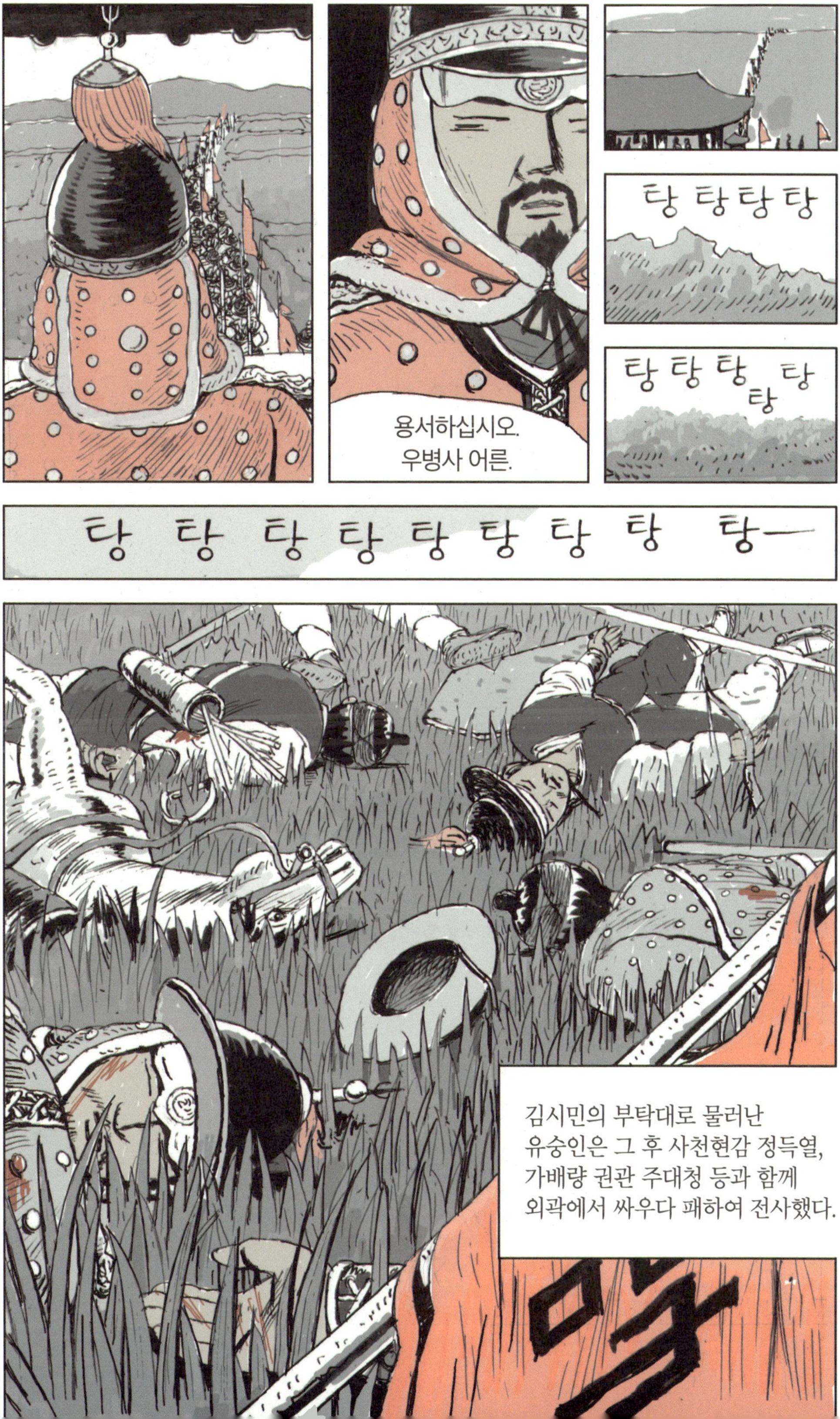

탕 탕 탕 탕 탕 탕 탕 탕 탕—

김시민의 부탁대로 물러난 유숭인은 그 후 사천현감 정득열, 가배량 권관 주대청 등과 함께 외곽에서 싸우다 패하여 전사했다.

7화 풍림화산*

*풍림화산(風林火山): '바람처럼 빠르게, 숲처럼 고요하게, 불처럼 맹렬하게, 산처럼 묵직하게'라는 뜻으로, 상황에 따라 기회를 가장 적절하게 이용해야 승리를 거둘 수 있음을 이른다.

음력 시월 닷새 이경(밤 9~11시) 무렵.

진주성 동쪽 동장대.

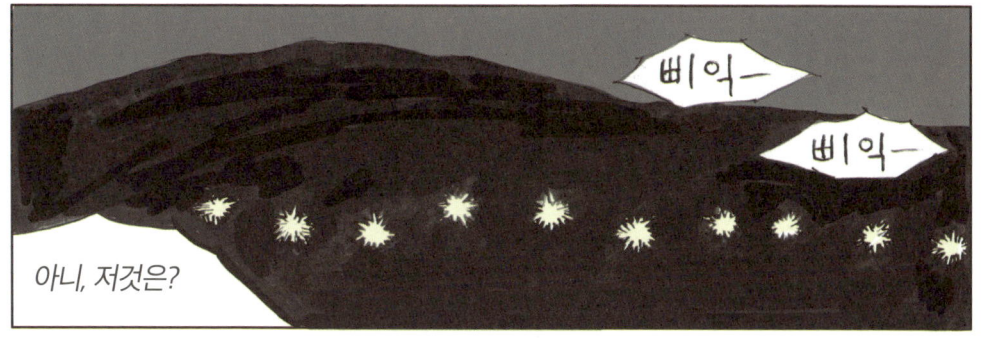

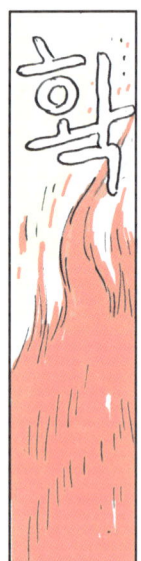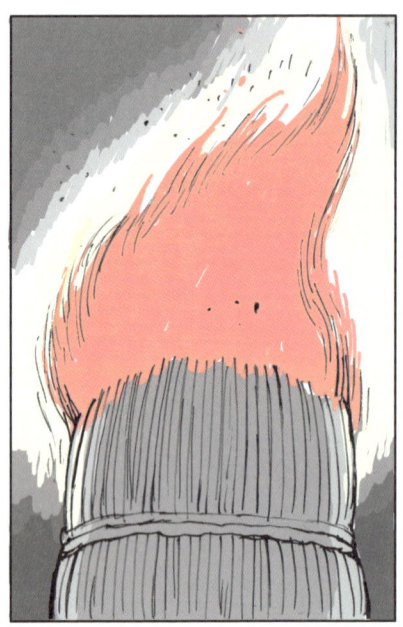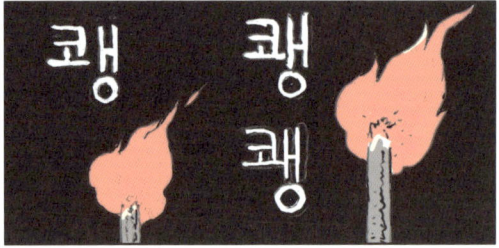

*건물: 지금은 없어진 진주 객사 앞 봉명루를 가리킨다.

호소가와 다다오키와 호소가와 겐바노조 등이 이끄는 군이 순천 당산*에 집결했고

가토 미츠야스와 하세가와 히데카즈 등이 이끄는 군이 진주 객사와 봉명루를 점거하며 전투태세를 갖추었다.

*순천 당산(堂山): 현재의 시외버스터미널과 안락공원에 이르는 지대.

기무라 시게코레, 신조 나와타, 오타 가즈요시
등이 이끄는 3대는 비봉산을 넘어 대사지
앞으로 모여들었다.

놈들이 파놓은
해자로구나.

대사지는 성 북쪽에 있는 세 개의 연못으로
적을 가로막고 있었다.

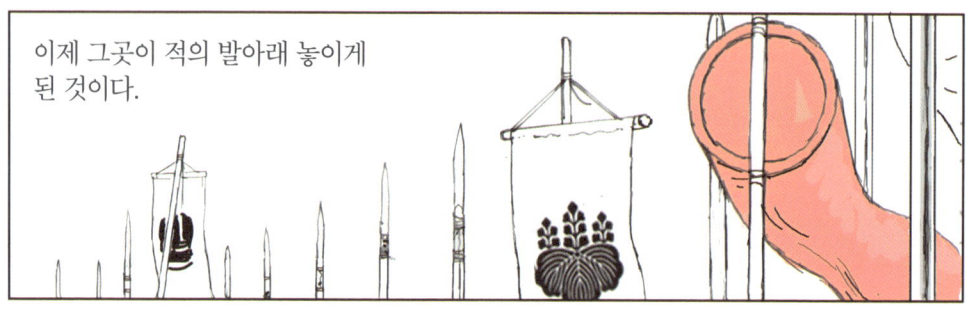

당시 상황을 기록한 《난중잡록》 하권(제2권)에 의하면 왜군들은 이른 아침 세 패로 갈라져 산을 덮고 내려왔으며 봉우리마다 벌처럼, 개미처럼 둔취했다고 한다.

진주성 동문 밖.

전투태세에 돌입한다. 오와 열을 맞추어라.

둥

북을 더욱 세게 쳐라!

둥

뎃포다이 (철포대)!

둥

둥 둥

1열 앞으로!

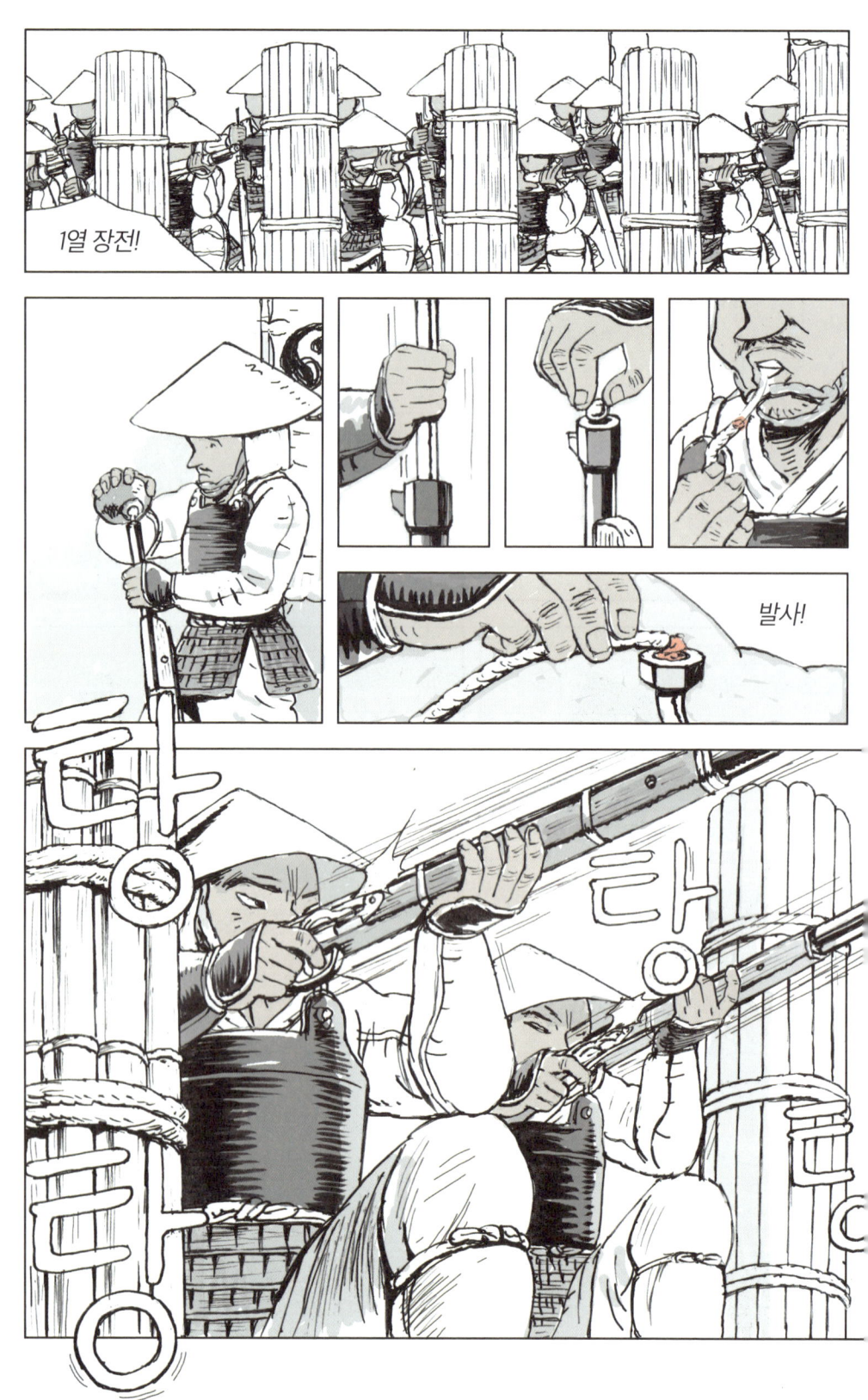

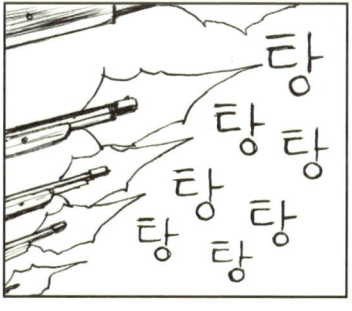

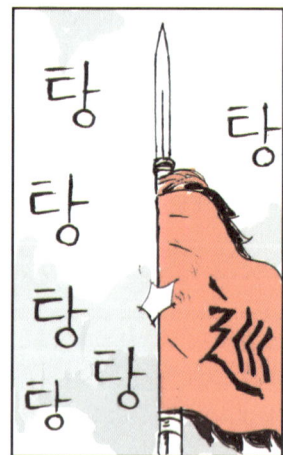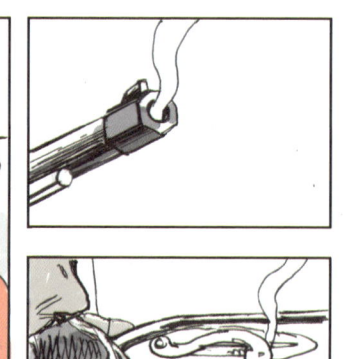

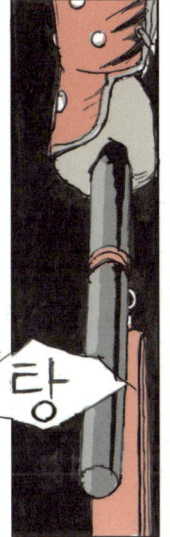

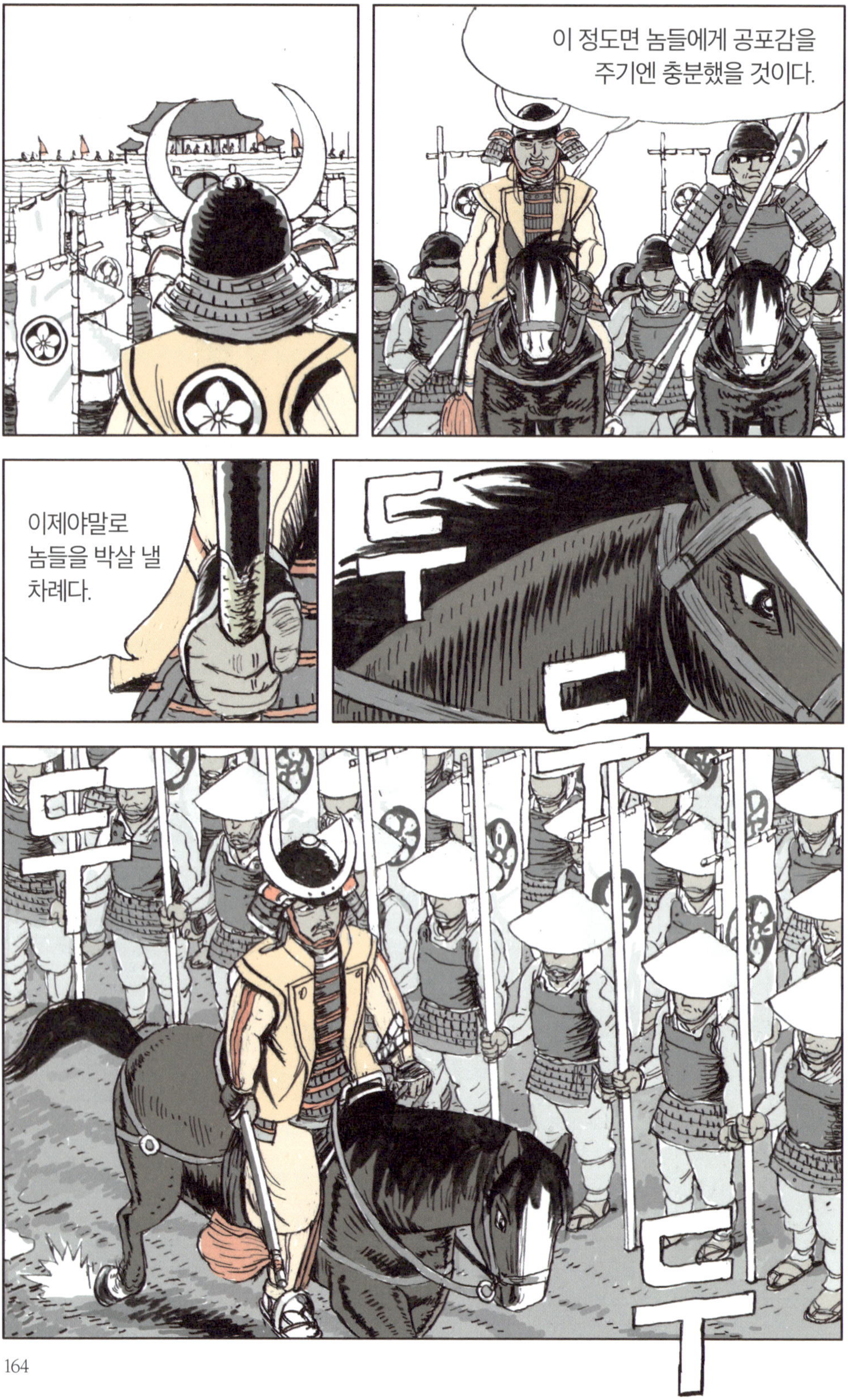

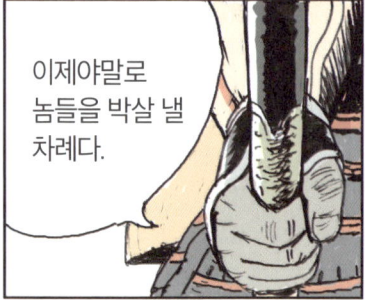

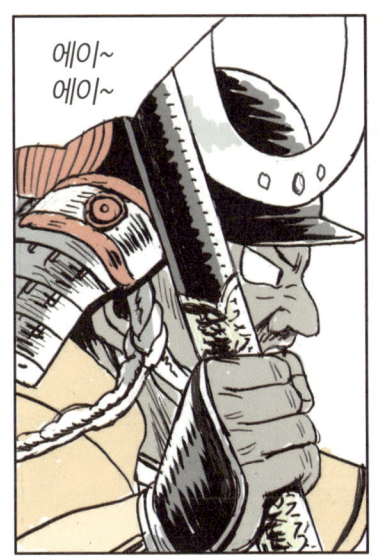

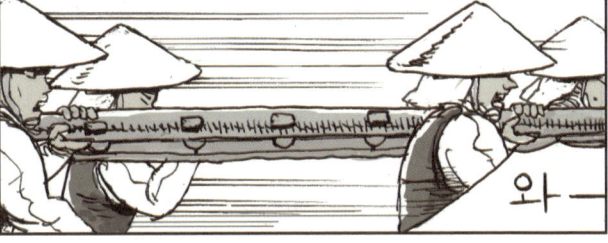

*에이에이 오오오: 일본의 전장에서 사기를 돋우기 위해 외치던 함성. 주술적 의미도 있다.

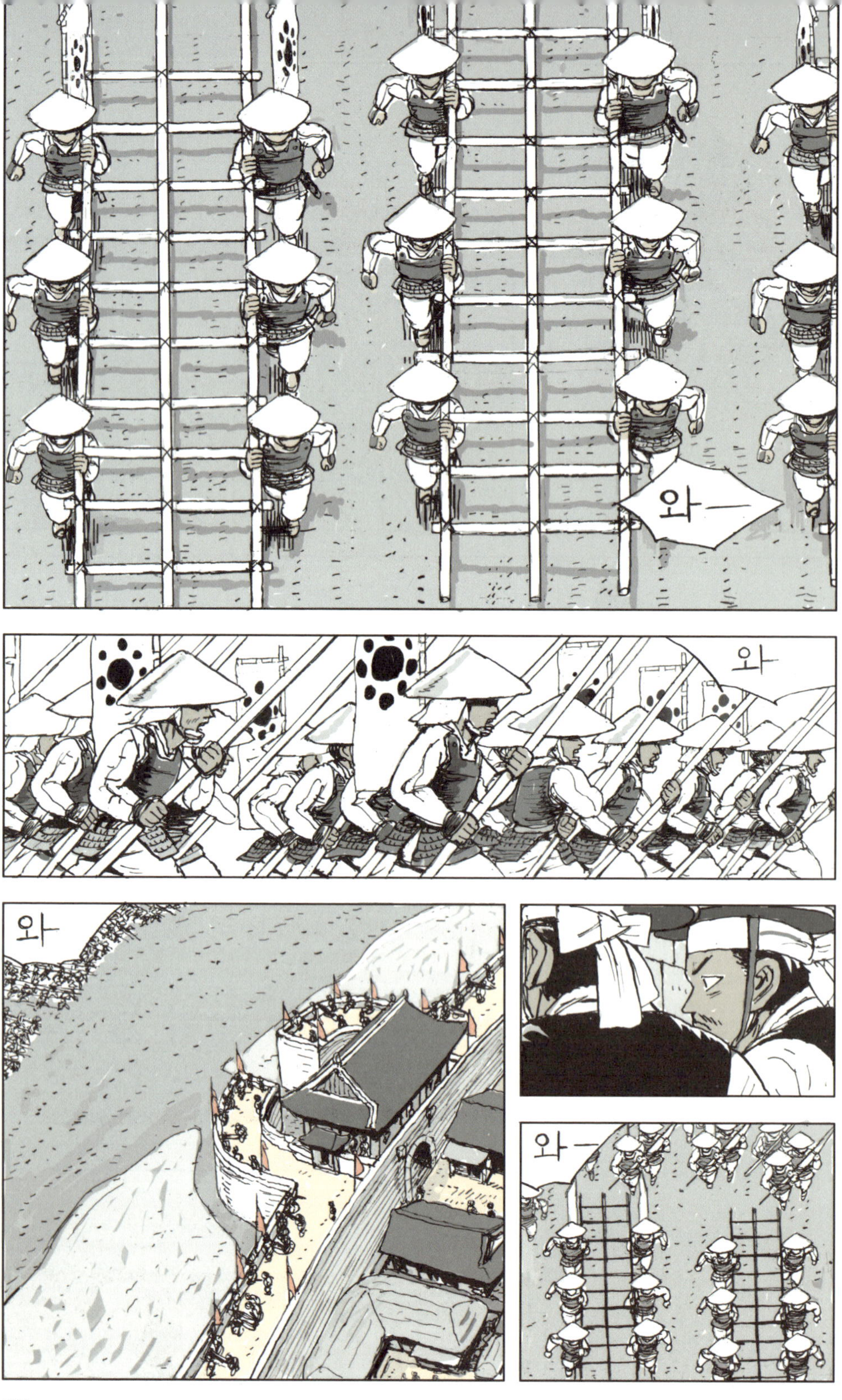

지금이다!

발사!

치지직

쾅

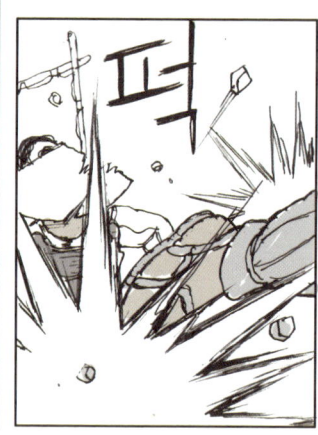

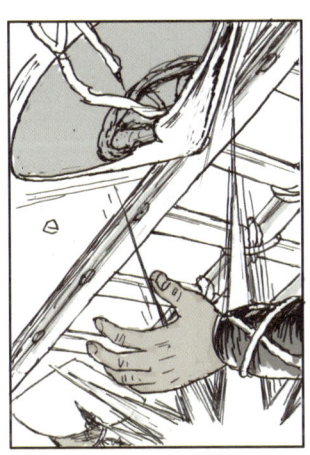

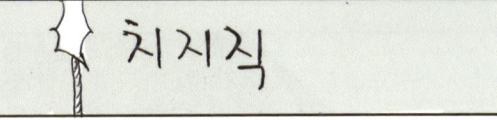
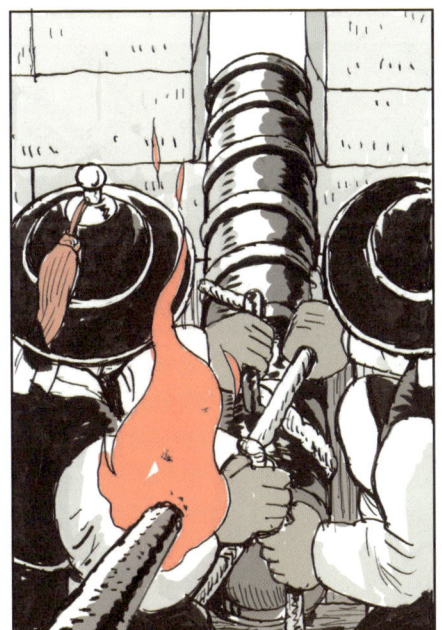

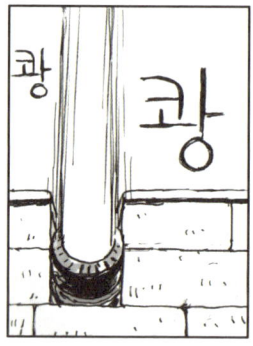
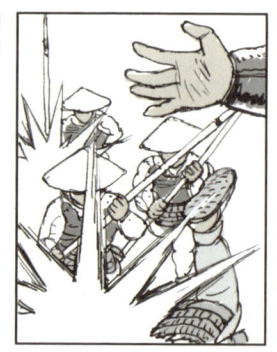

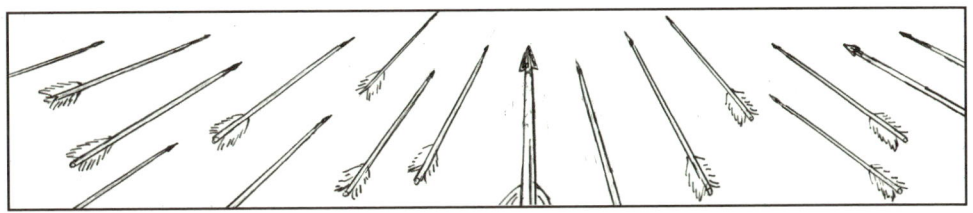

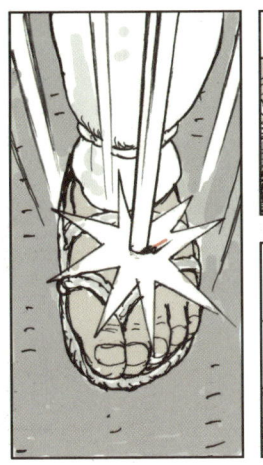

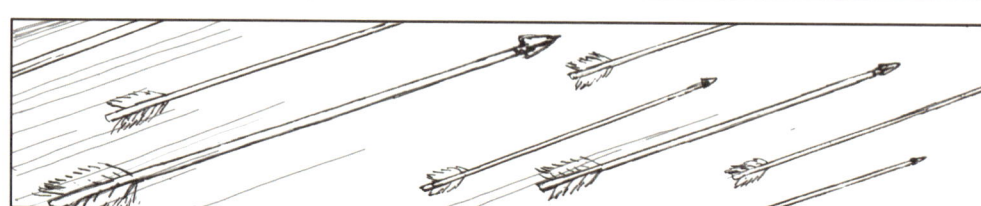

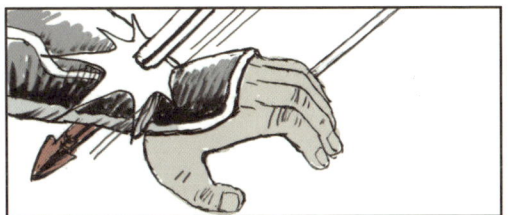
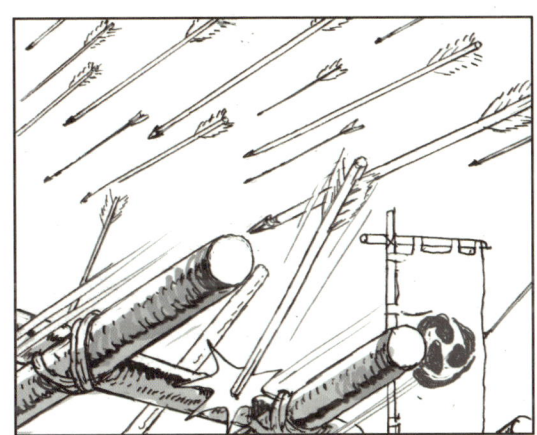

퇴각!
일시 퇴각하라!

* 호각지세(互角之勢): 두 뿔이 큰 차이가 없다는 뜻으로, 우열을 가리기 힘든 형국을 이른다.

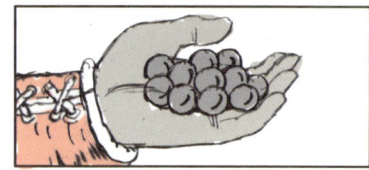

수고들 했네.

언제 다시 놈들이 들이칠지 모르니 단단히 점검해두거라.

옛! 사또.

탄환과 화살을 아끼기 위해 말씀하신 것들을 계속 준비하고 있습니다.

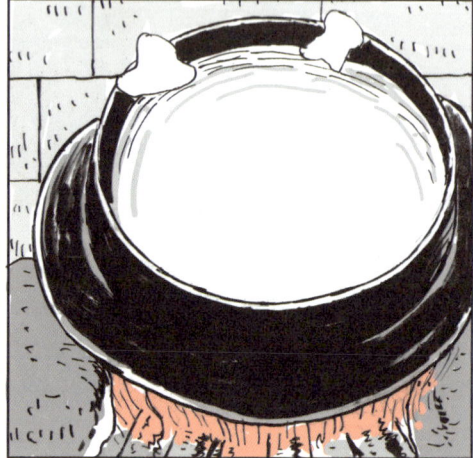

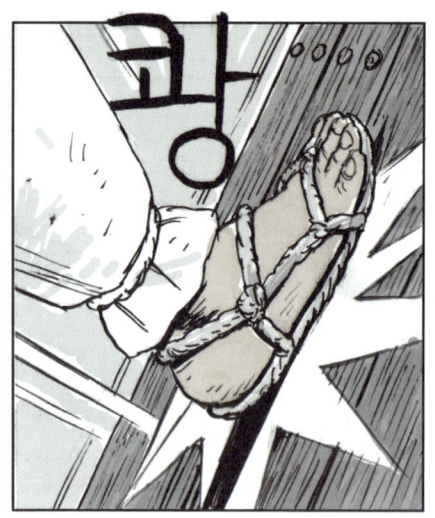

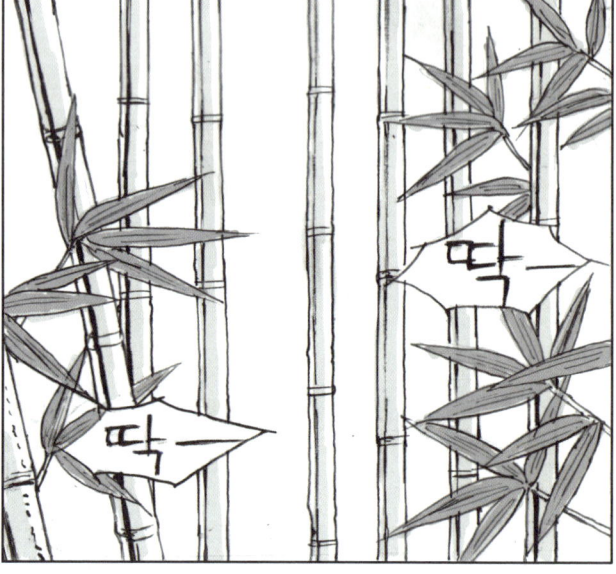

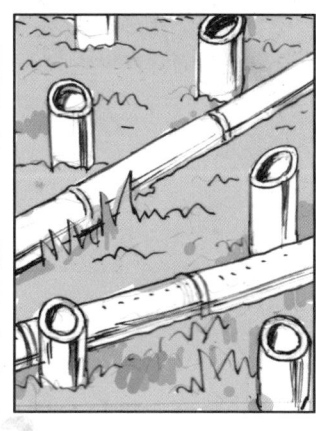

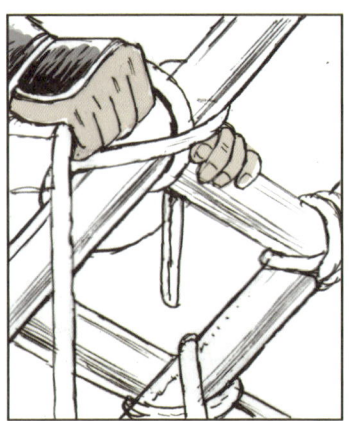

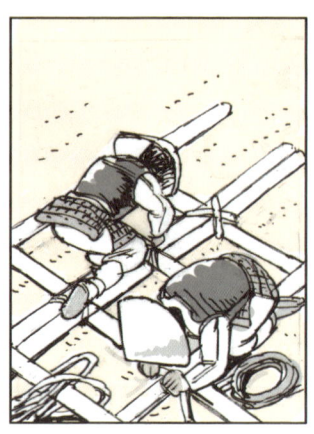

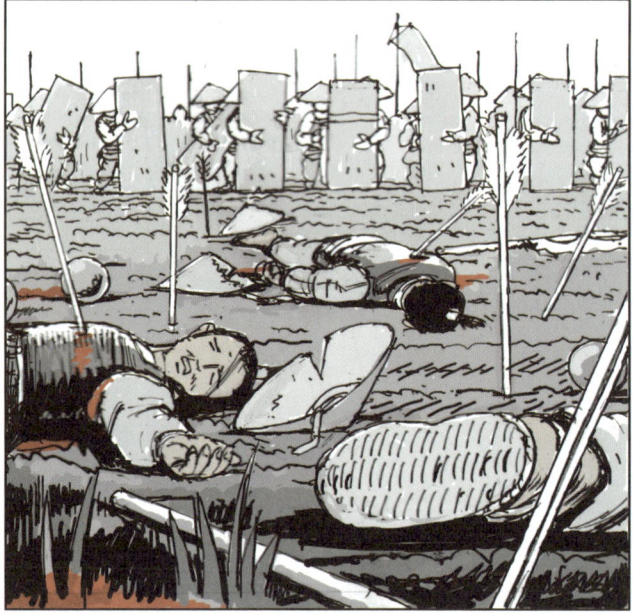

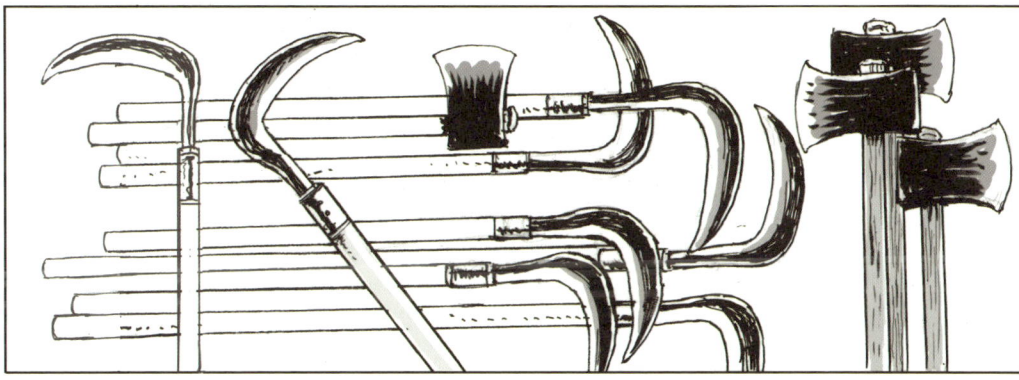

하시고(사다리)!

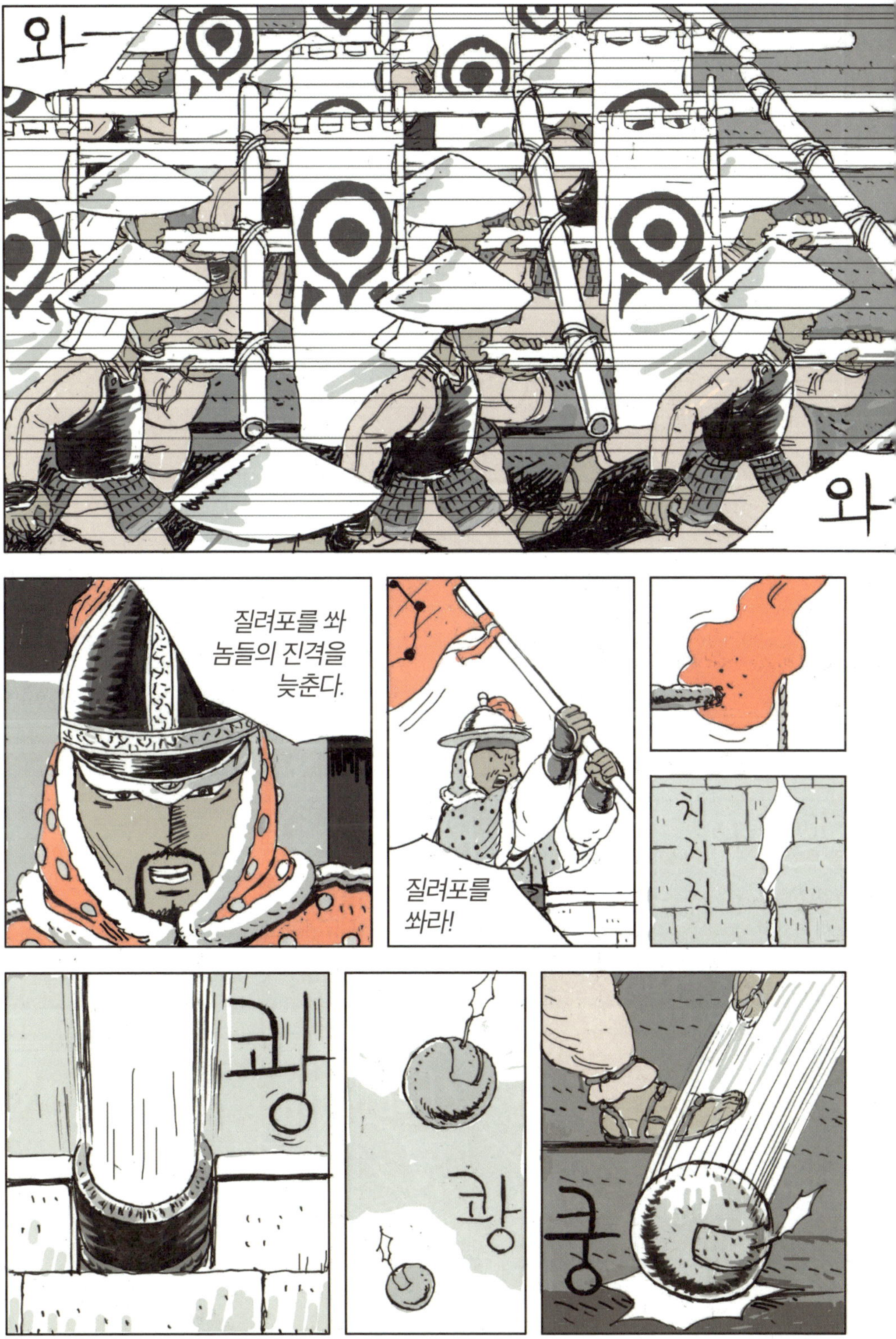

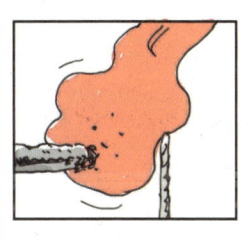

왜군의 공격은 성 전체에 걸쳐
파상적으로 이어졌다.

연이은 질려포 발사.
하지만 왜군은 공격
속도를 늦추지 않았다.

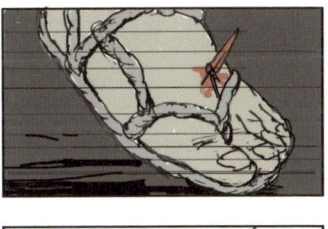

멈추지 말고
돌격하라!

돌격대 한쪽에선 해자에 볏짚을 넣고 널판지를 깔아 공격을 도왔다.

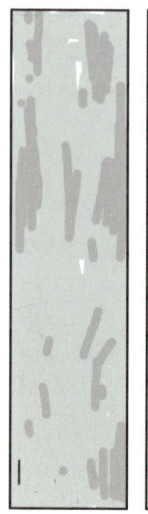

성벽을 타고 올라라!

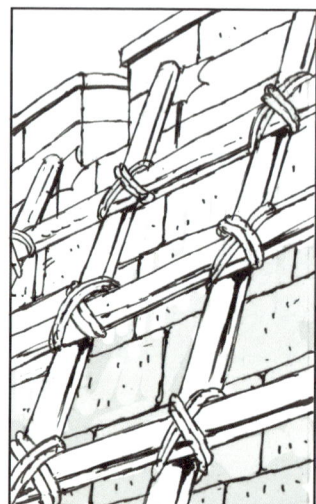

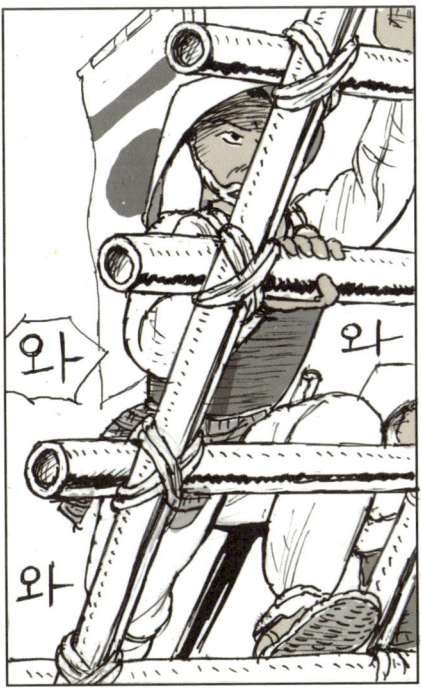

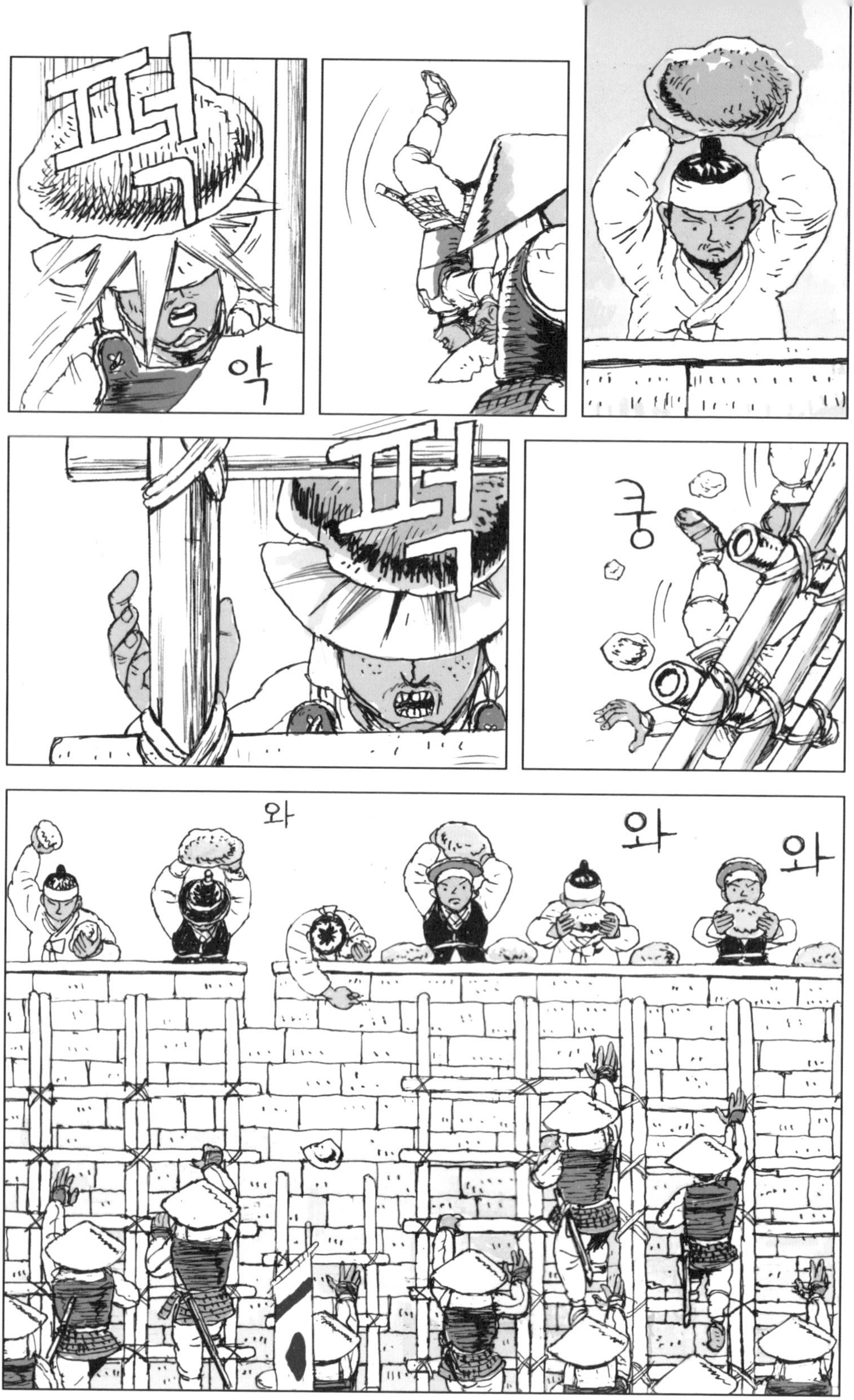

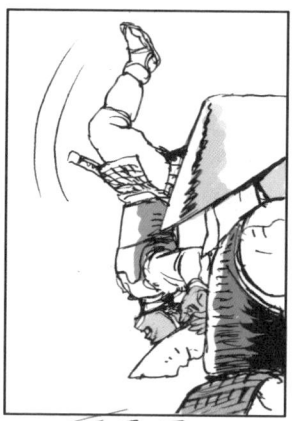

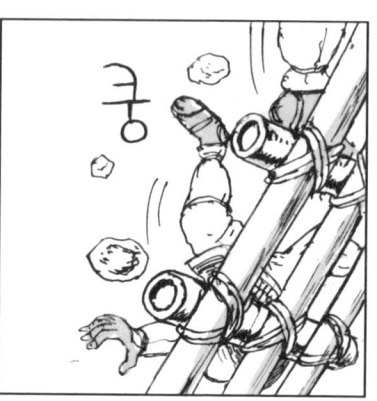

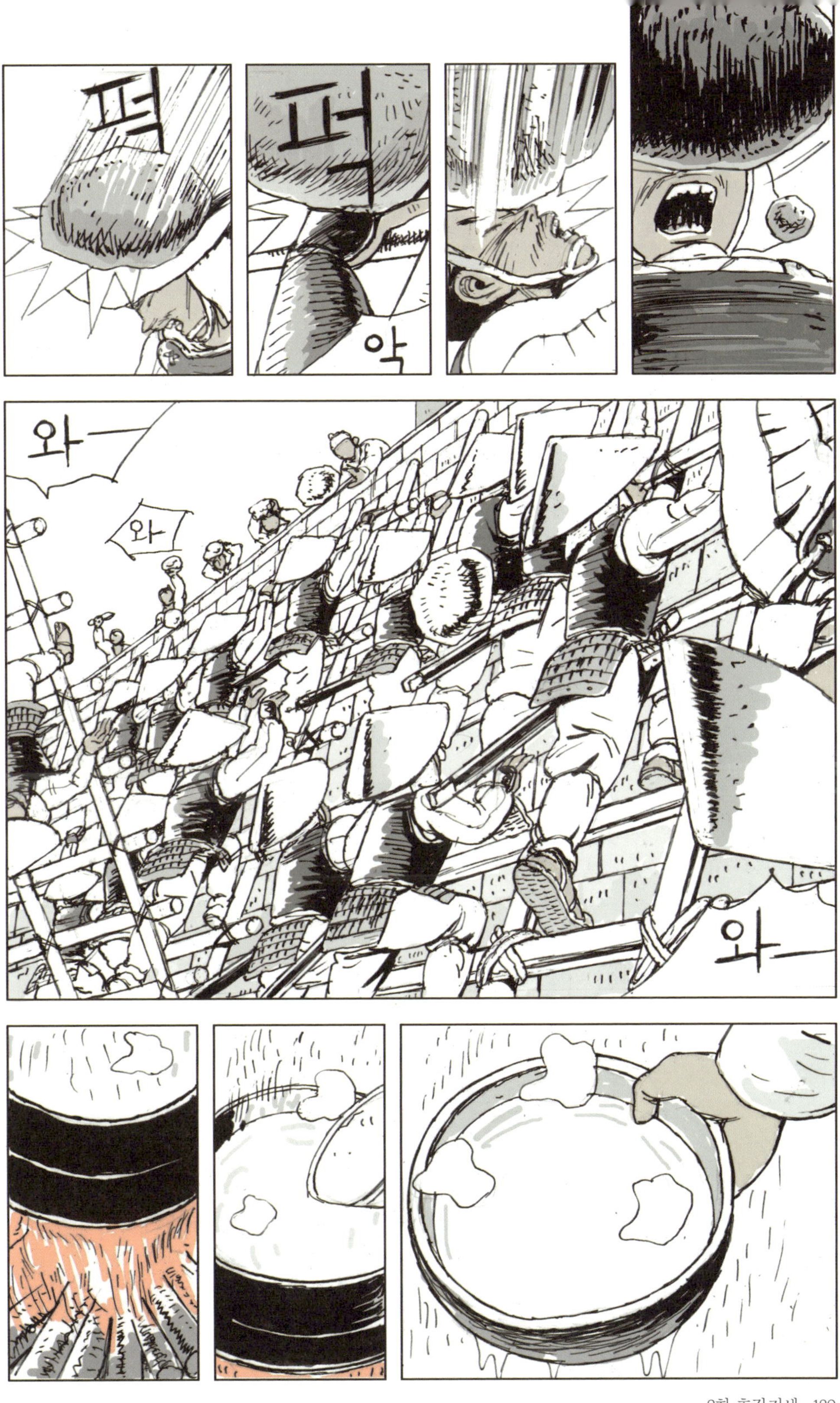

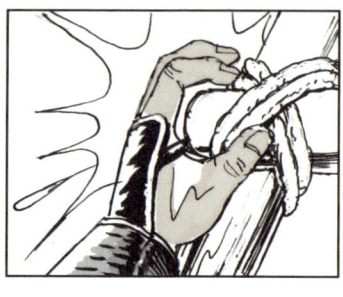

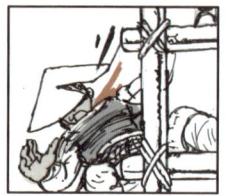

궁수발(弓手發)!

와—

와—

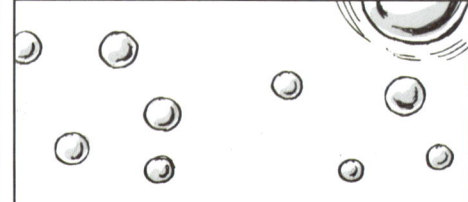

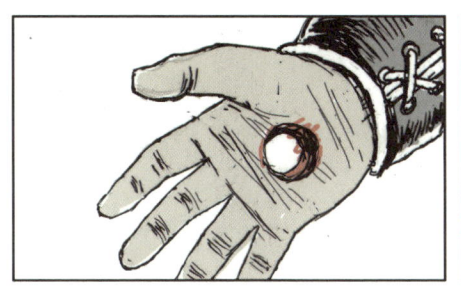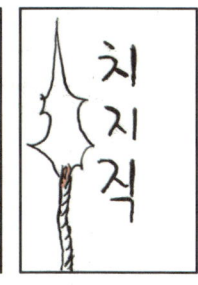

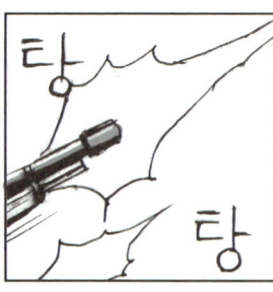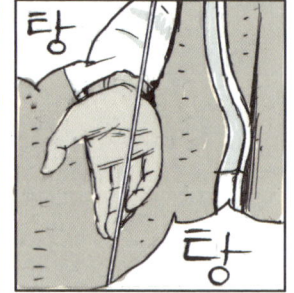

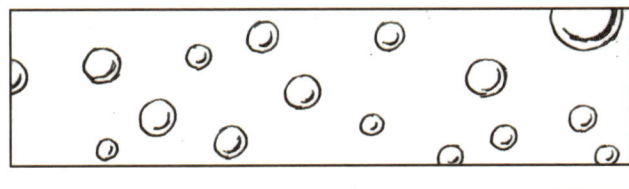

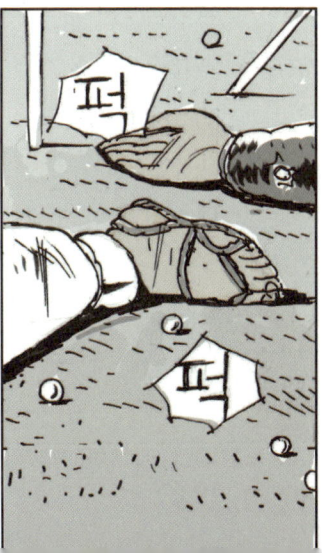

*호마의북풍(胡馬依北風): 호나라 말은 호나라 쪽에서 불어오는 북풍이 불 때마다 고향을 그리워한다는 뜻으로, 고향을 몹시 그리워함을 이르는 말이다.

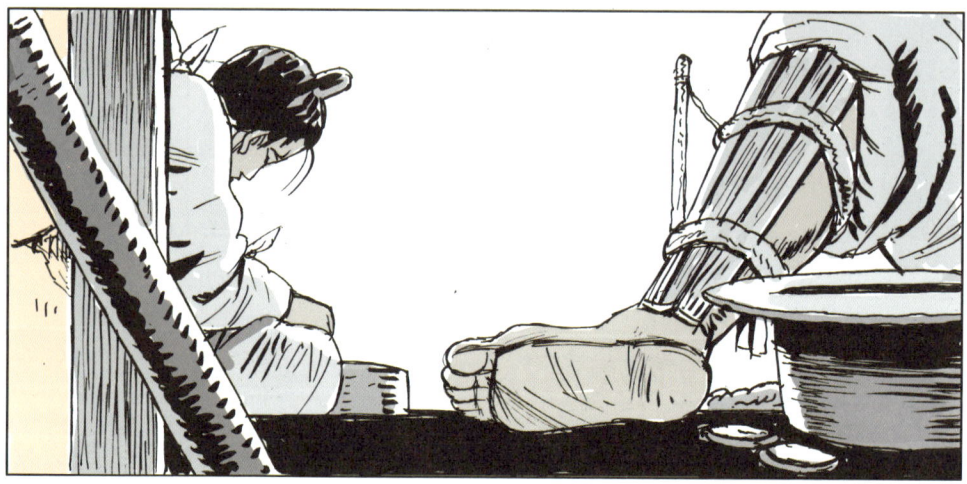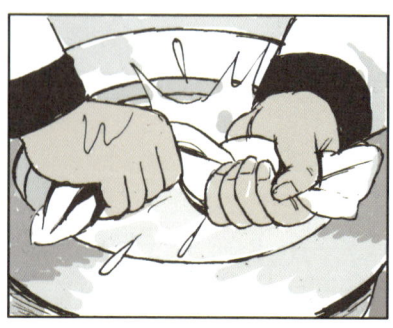

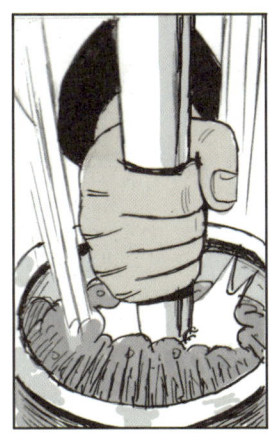

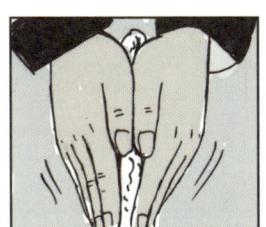

살살 좀 해주이소.

쪼매만 참거라.

초월이가 얼굴은 고운데 손끝은 맵다 카이.

어린아 앞에서 흰소리 그만하소.

아픕니더!

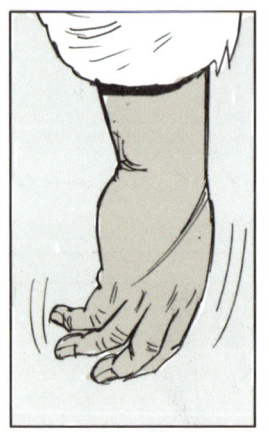  

통소 소리를 듣고 있으니 전쟁 중이 아인 거 같네.

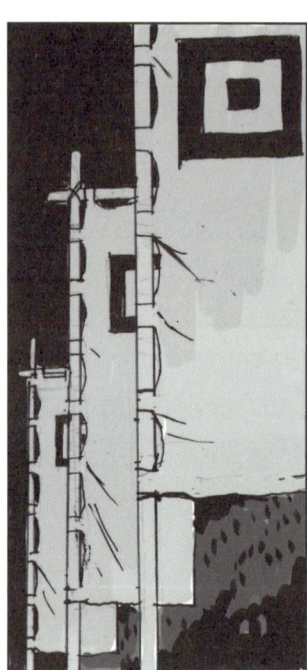

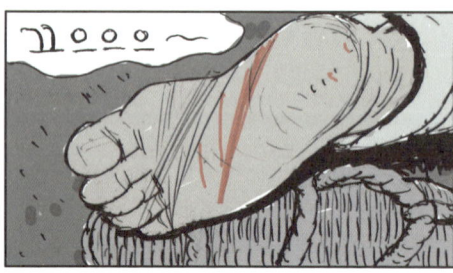

센토 카이시
(전투 개시)!

데테코이(나와)!

걸을 수 있고 한쪽
팔을 쓸 수 있는
놈들은
지체 말고!

쿄모카(오늘도야)?

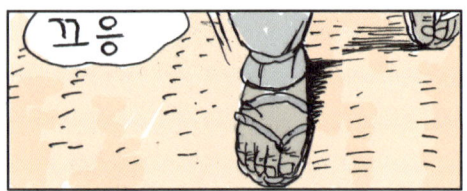

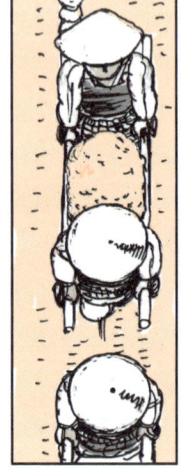

*요이쇼: 영차.

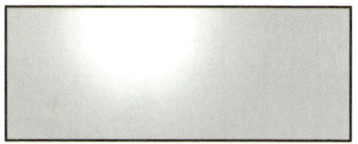

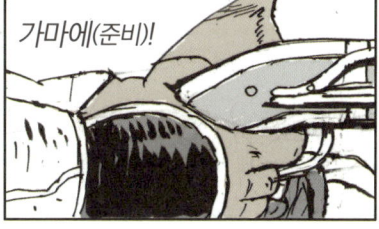

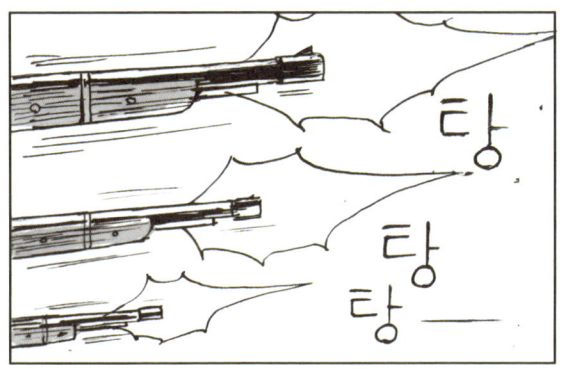
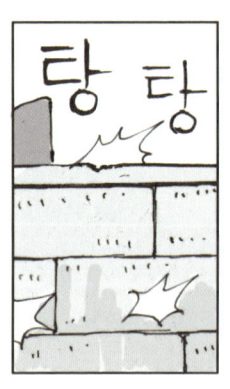
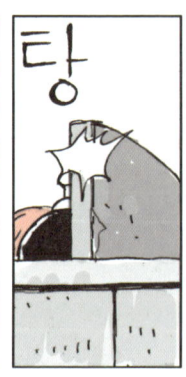

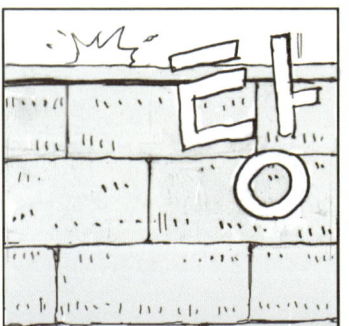

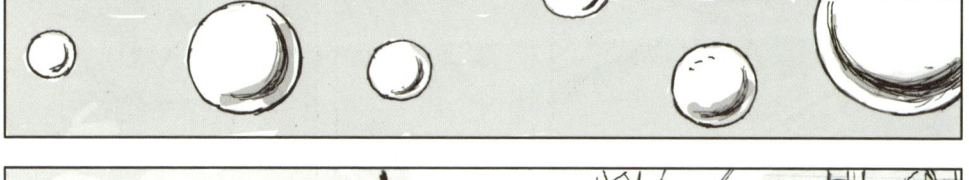

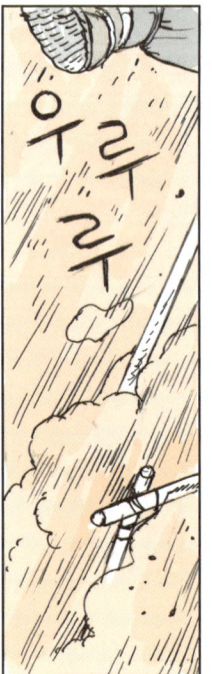

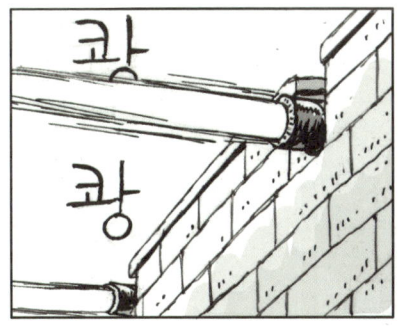

퇴각하라!

와~ 놈들이 물러간다!

천세~

천세~

천천세~

음… 왜병들도 고향을 떠나온 지 반년은 되었겠군.

칙쇼(빌어먹을)!

밤새 울려 퍼지는 저 청승맞은 소리 때문에 병사들이 잠도 못 자고 동요하질 않나?

이제 놈들이 심리전까지 구사하는군요.

진주성 수장 놈은 보통 작자가 아니야.

이리되면 우리도 가만히 있을 수 없지 않소이까?

그렇지. 우리도 질 수 없지.

10화 만천과해*

*만천과해(瞞天過海): 하늘을 속이고 바다를 건넌다는 뜻으로, 적이 예상치 못한 방법을 동원해 승리를 거두는 계책을 이른다.

제대로 외우게 시켰나?

하잇!

좋아. 데리고 가!

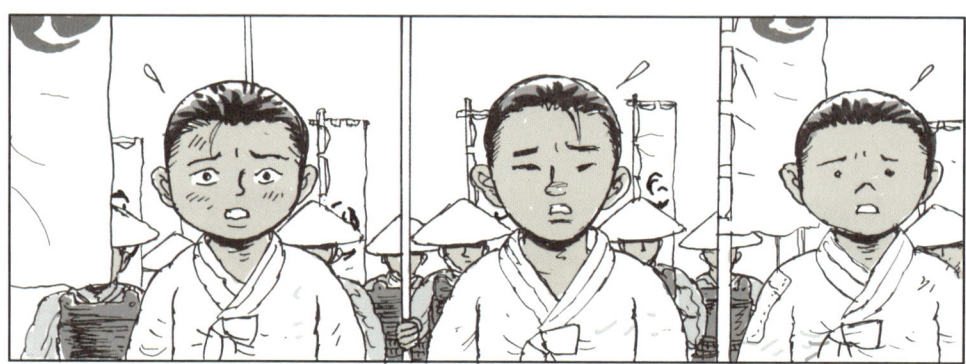

하지메(시작해)! 하잇! 뭐 하고 있노! 퍼뜩 안 하나?

이놈아들아! 맞고 시작할 끼가?

난처하군.
포로 애들 이용해
심리전 벌인 것도
먹히지 않고.

공성전 전략도
다시 짜야겠소이다.
저 작은 성 하나 타 넘질 못해
이리 쩔쩔매다니.

우리가 조총 공격을
하는 동안은 성안에 숨어서
꼼짝을 안 하는데 어찌합니까?

게다가 사다리를 타고 오르는
병사들은 죄다 끓는 물에
돌멩이 세례를 면치 못하니
다들 겁을 먹고 있소이다.

…

우리 부대가 이런 경우를 대비해 어제부터 야구라(망루)를 만들기 시작했으니 내일은 내가 직접 성안을 넘겨다 보며 지휘를 하겠소.

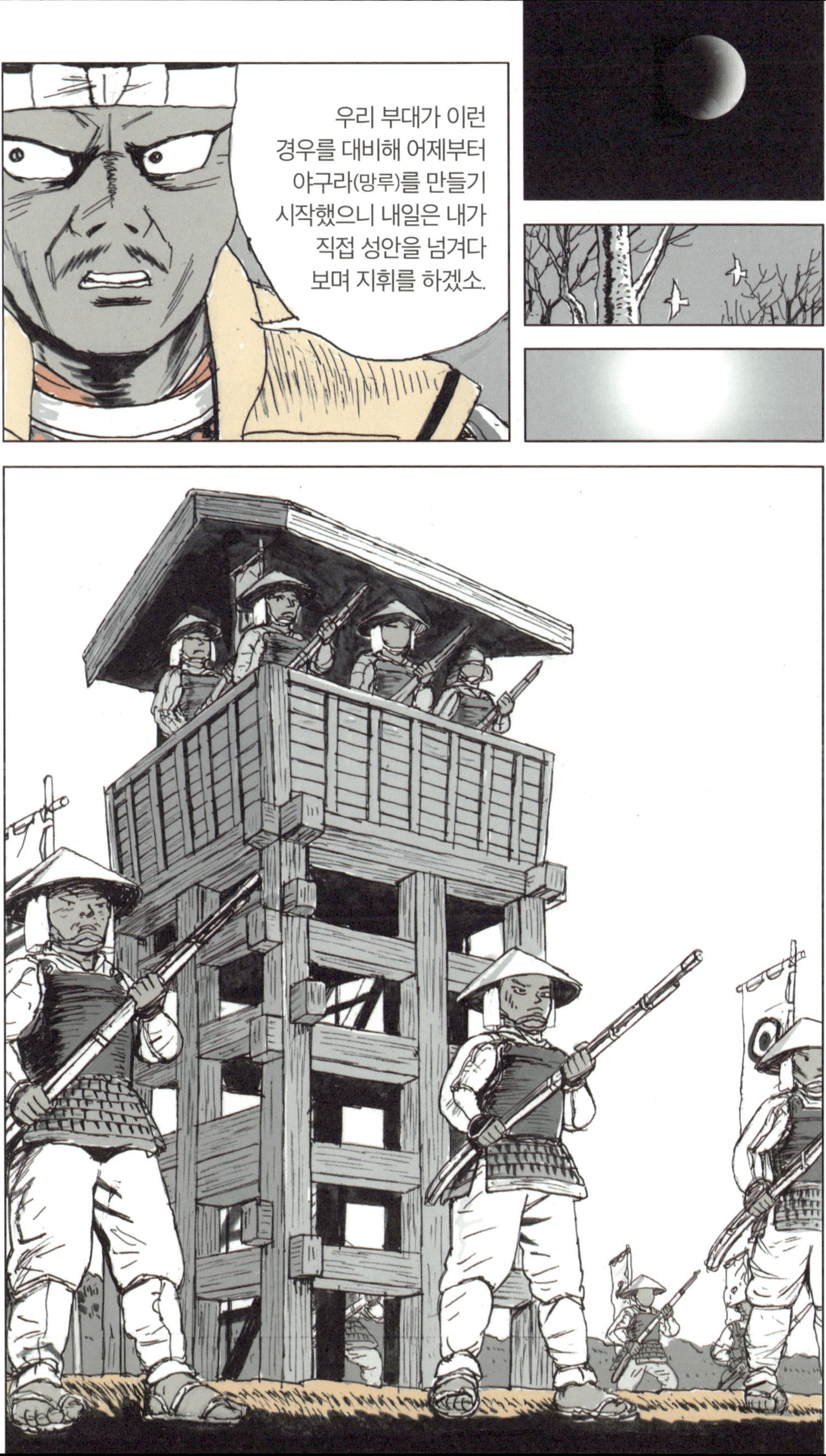

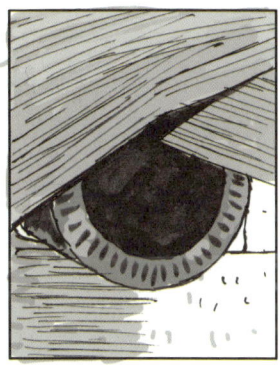

너희 중 현자총통 조준이
가장 능숙한 자가 누구냐?

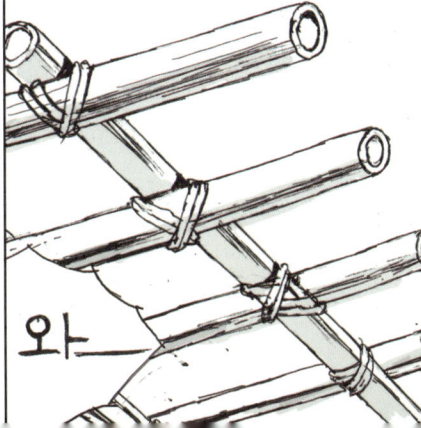

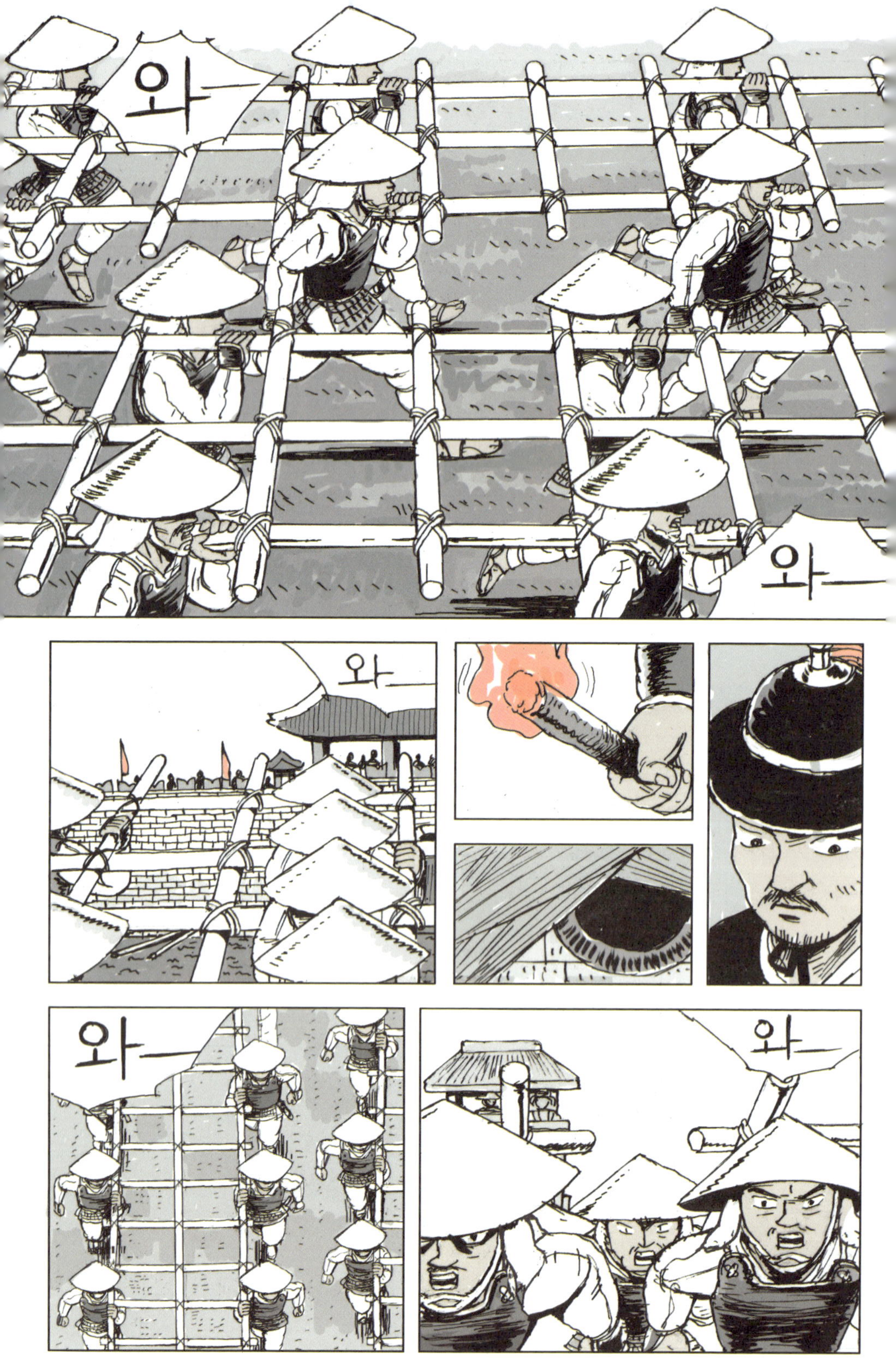

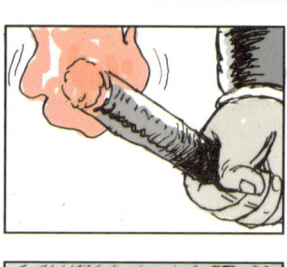
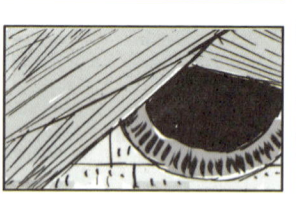

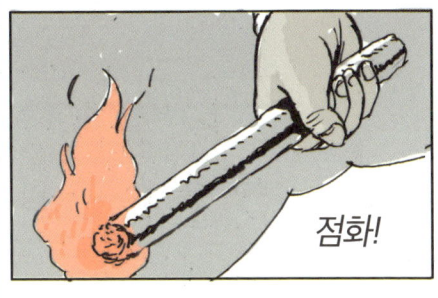

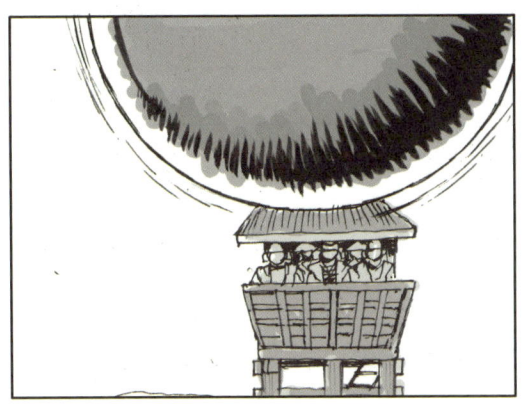

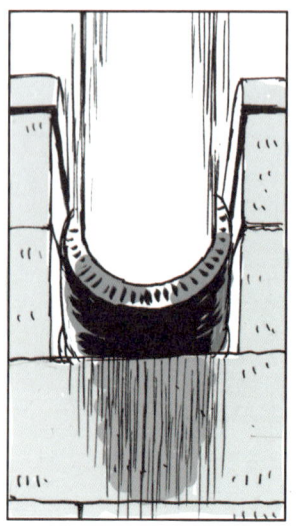

으아악!

오칫다(떨어졌다)!
다이초가 오칫다
(대장이 떨어졌다)!

승자총통!

발사!

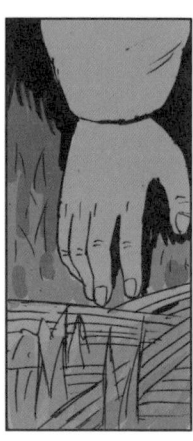

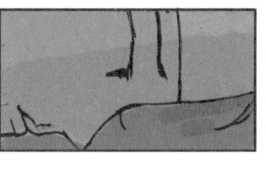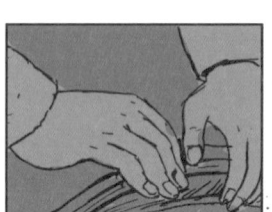

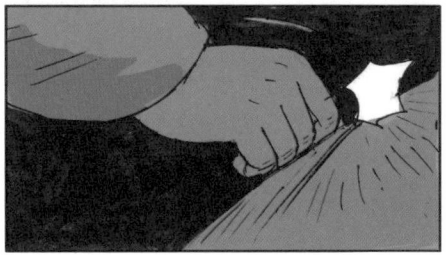

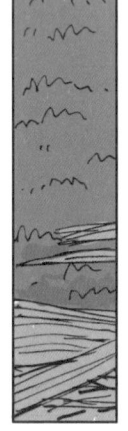

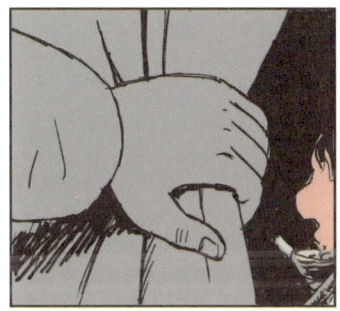
꾸벅꾸벅

쿠울~

드르렁
드르렁

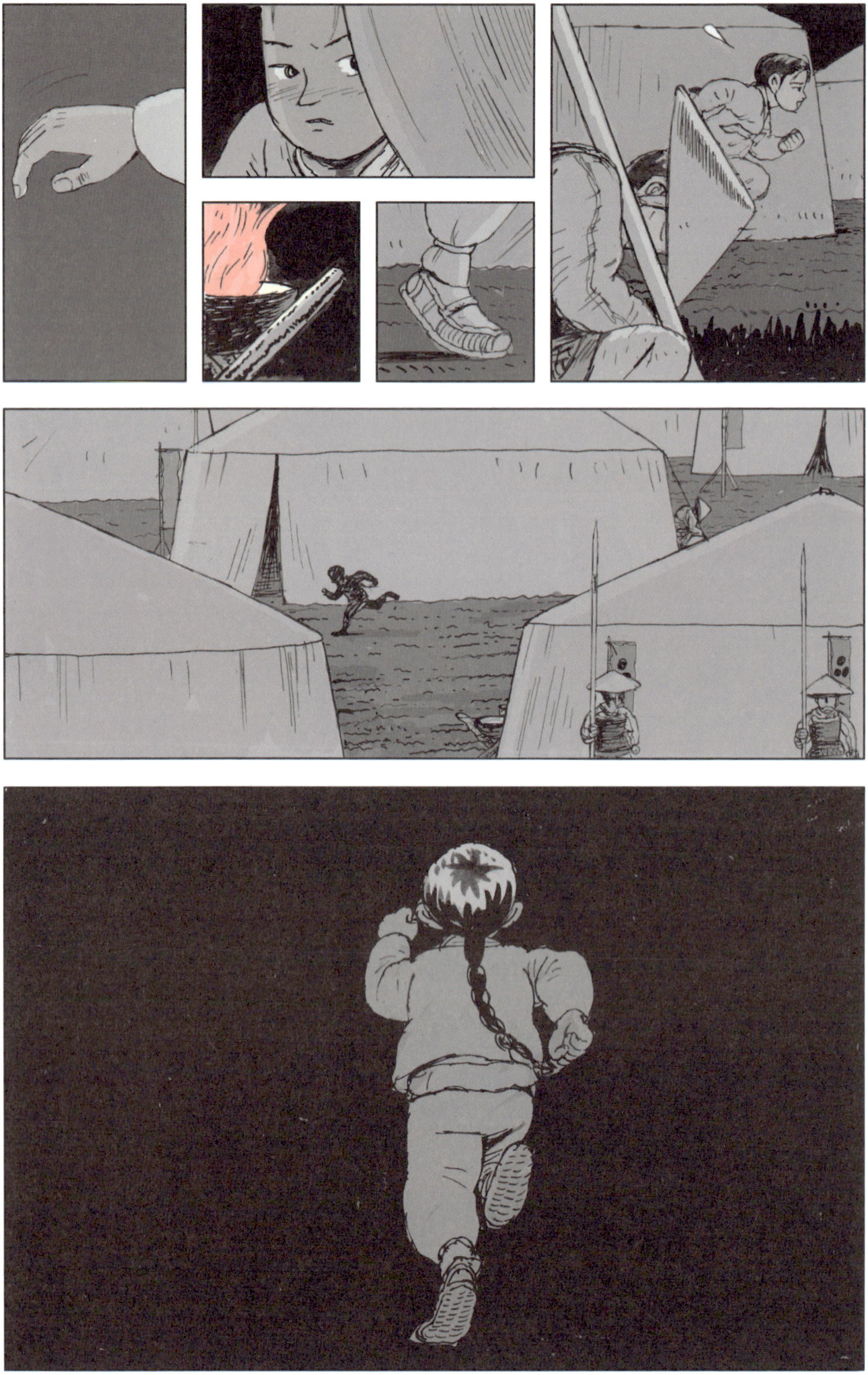

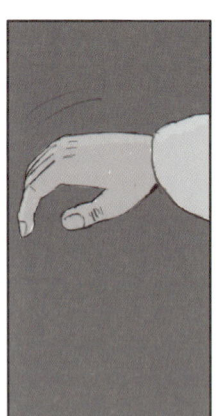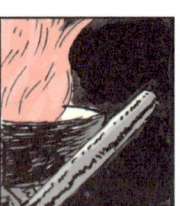

11화 당비당거*

*당비당거(螳臂當車): 사마귀가 앞발을 들어 수레를 막는다는 뜻으로, 도저히 막을 수 없는 사태에 대항하려는 무모한 행동을 비유하는 말이다.

무기가 다 떨어져 가고 있습니다. 이대로는 하루도 버티기 힘듭니다.

순찰사께 다시 한번 지원 요청을 할 수 없을까요?

음… 놈들이 언제 들이닥칠지 모르니 성문을 열고 나갈 수는 없고.

성벽을 타고 넘어갈 자가 없겠소?

마침 마땅한 사람이 있습니다. 영리 하경해란 자입니다.

부탁하오.

예, 그럼 다녀오겠습니다.

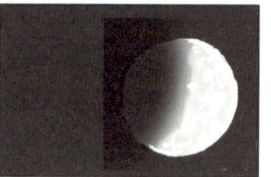

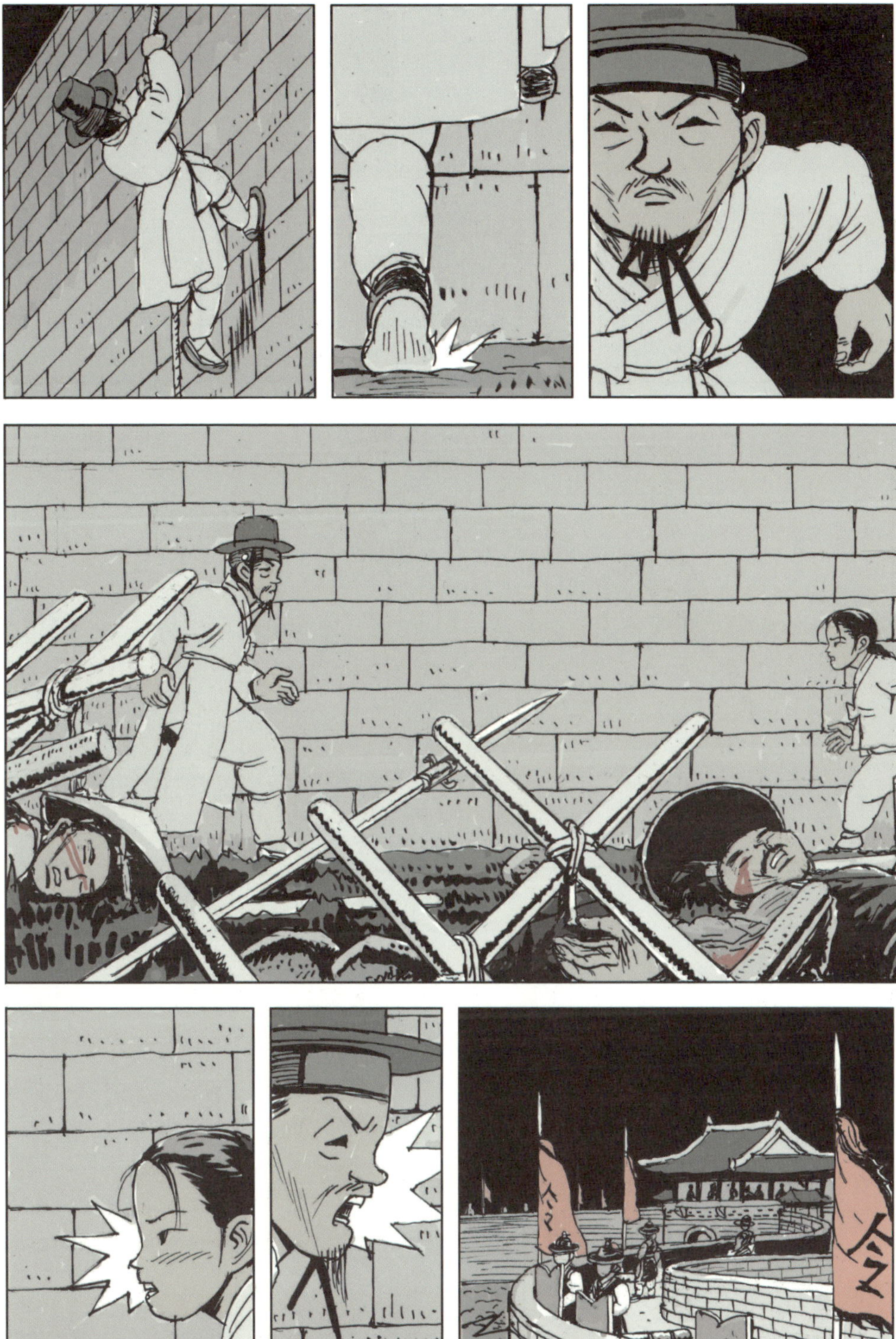

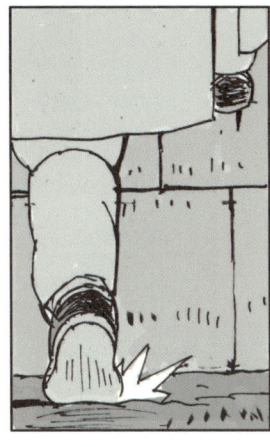

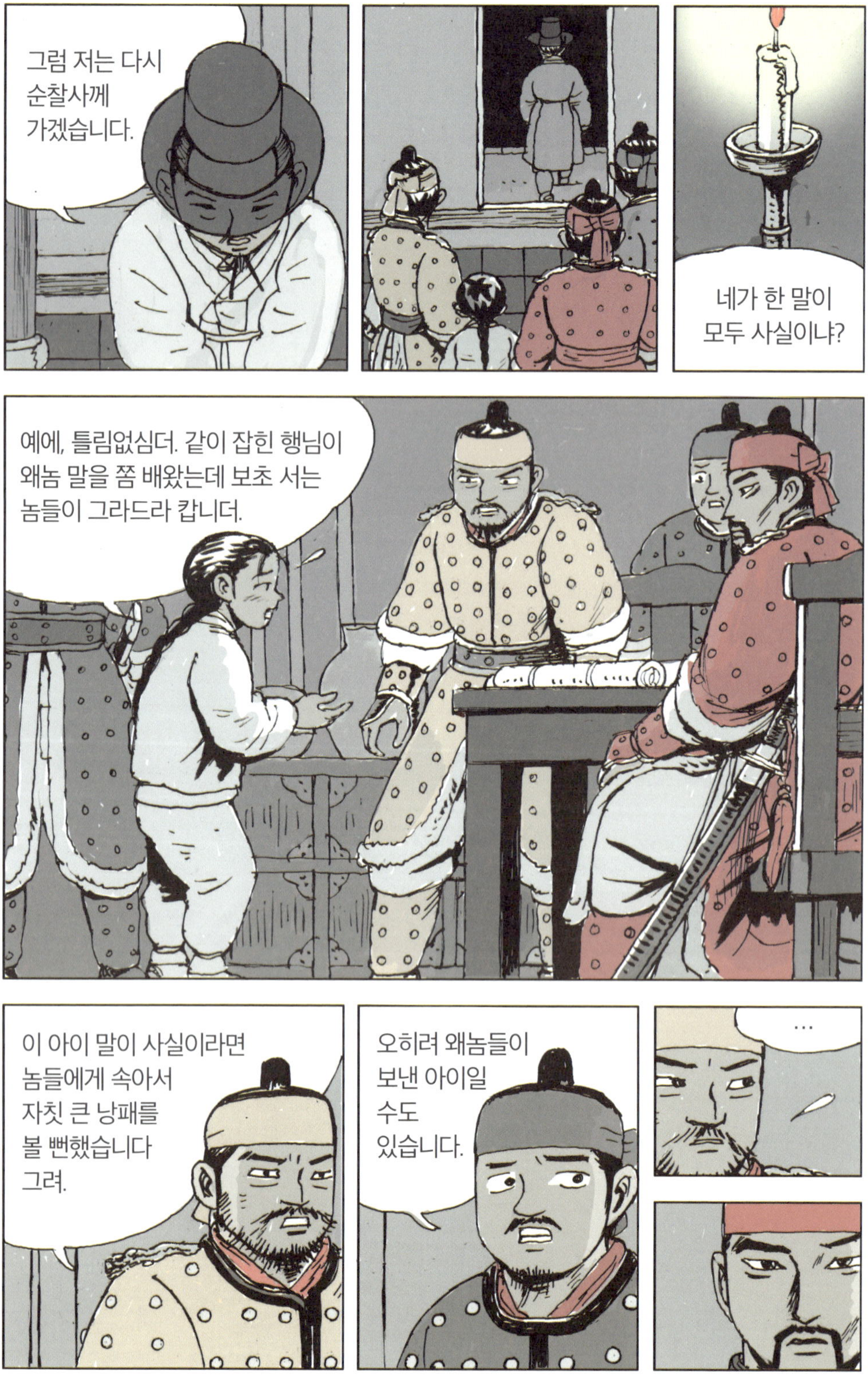

글쎄, 내가 보기엔 그런 것 같지는 않네.

시월 아흐레 사경
(새벽 1~3시).

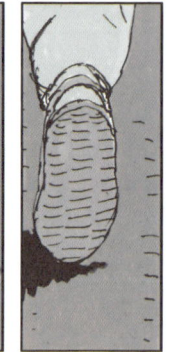

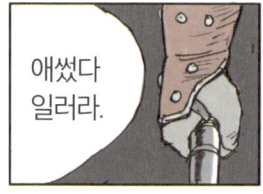

*1부(部): 화살 30개.

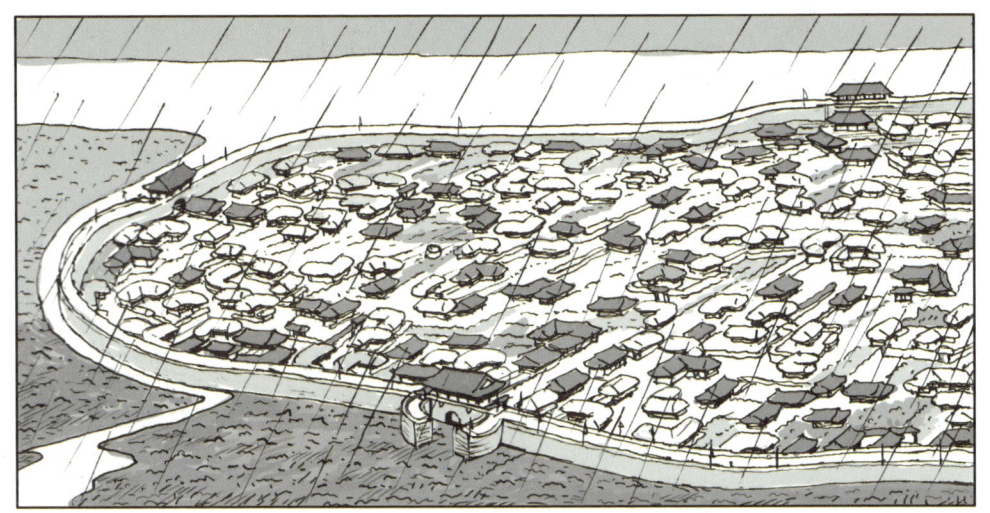

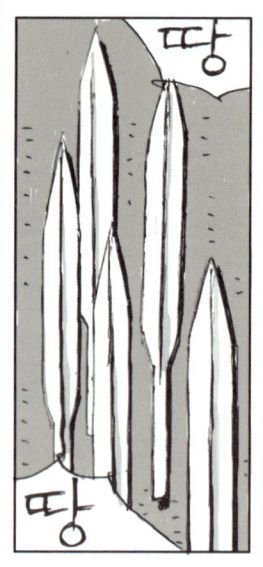

할배는 인자 좀 쉬이소.
내가 다 하께예.

아이고, 우리 막둥이 전쟁통에 훌쩍 어른이 되삐렀네. 말이라도 고맙데이.

그란데 나르고 싶어도 인자는 못 한다.

성안에 기와고 돌이고 다 씨가 마를라 카이. 허허!

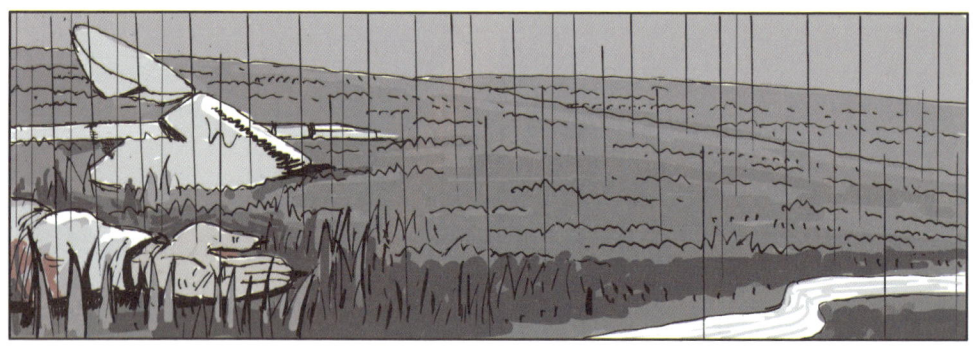

거짓으로 철수하며
조선군을 성 밖으로
유인하려 했던 왜군의
계책은 실패로
돌아갔다.

그들은 전열을 가다듬어 다시 성을 에워쌌다.

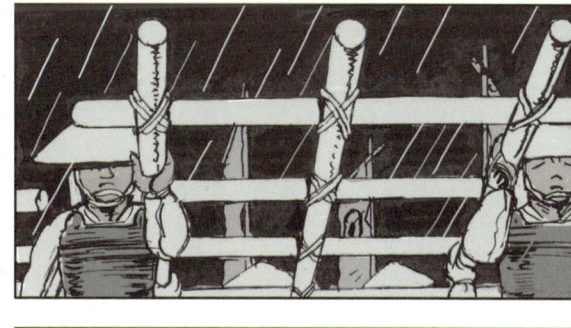

총지휘소인 동문 북장대.

목사 김시민.

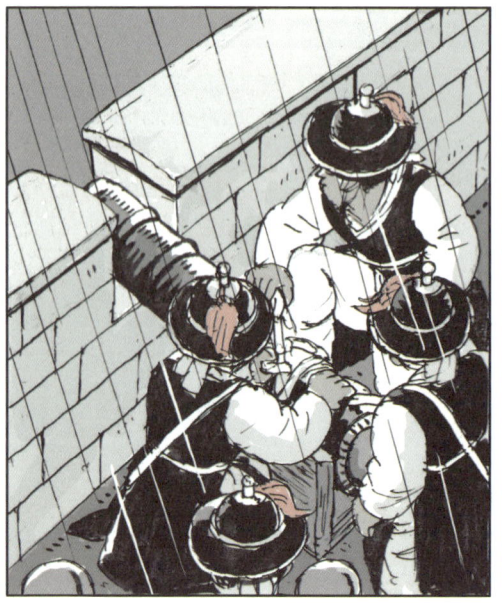

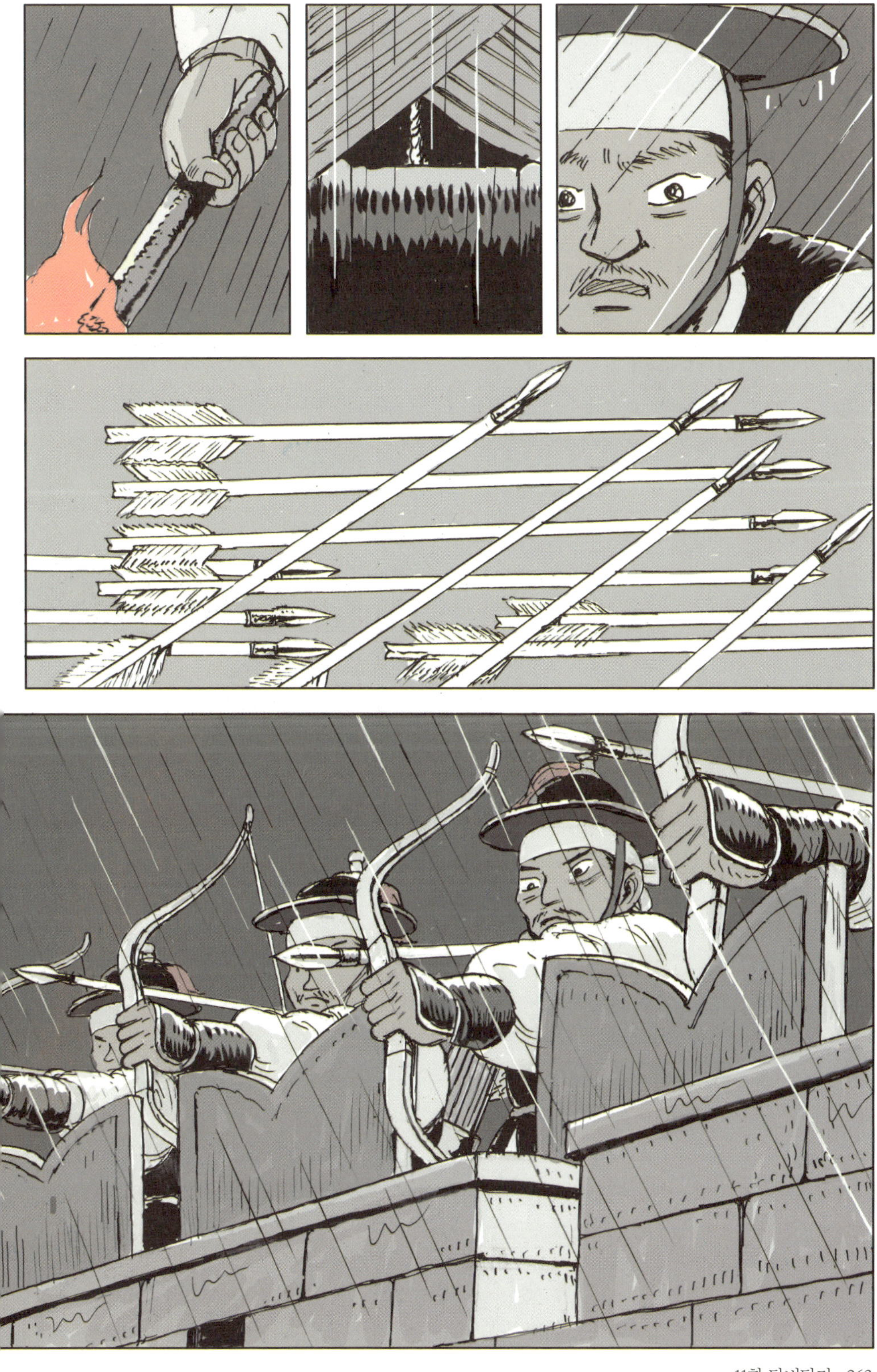

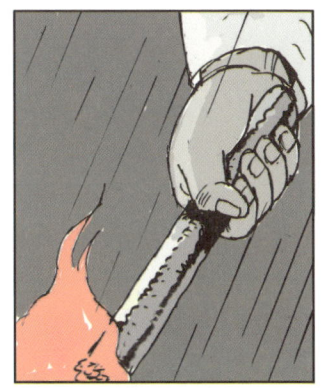

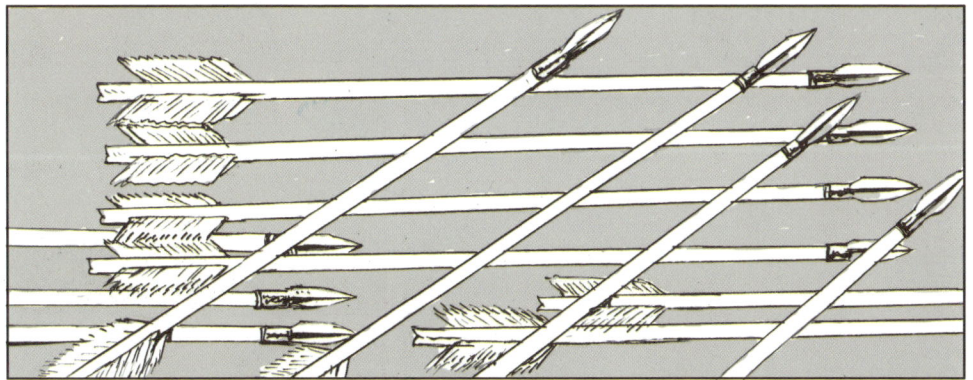

왜군들은 사경(새벽 1~3시)에 두 패로 갈라서 동문과 북문으로 육박했는데 비 오듯 탄환을 쏘고 뇌성과 같이 소리를 지르며 돌진하였다.

전투는 진시 (오전 7~9시)가 넘을 때까지 계속되었다.

북문 쪽이 잠시 무너질 뻔했으나 만호 최덕량, 군관 이납과 윤사복이 성민과 함께 죽을힘으로 지켜냈다.

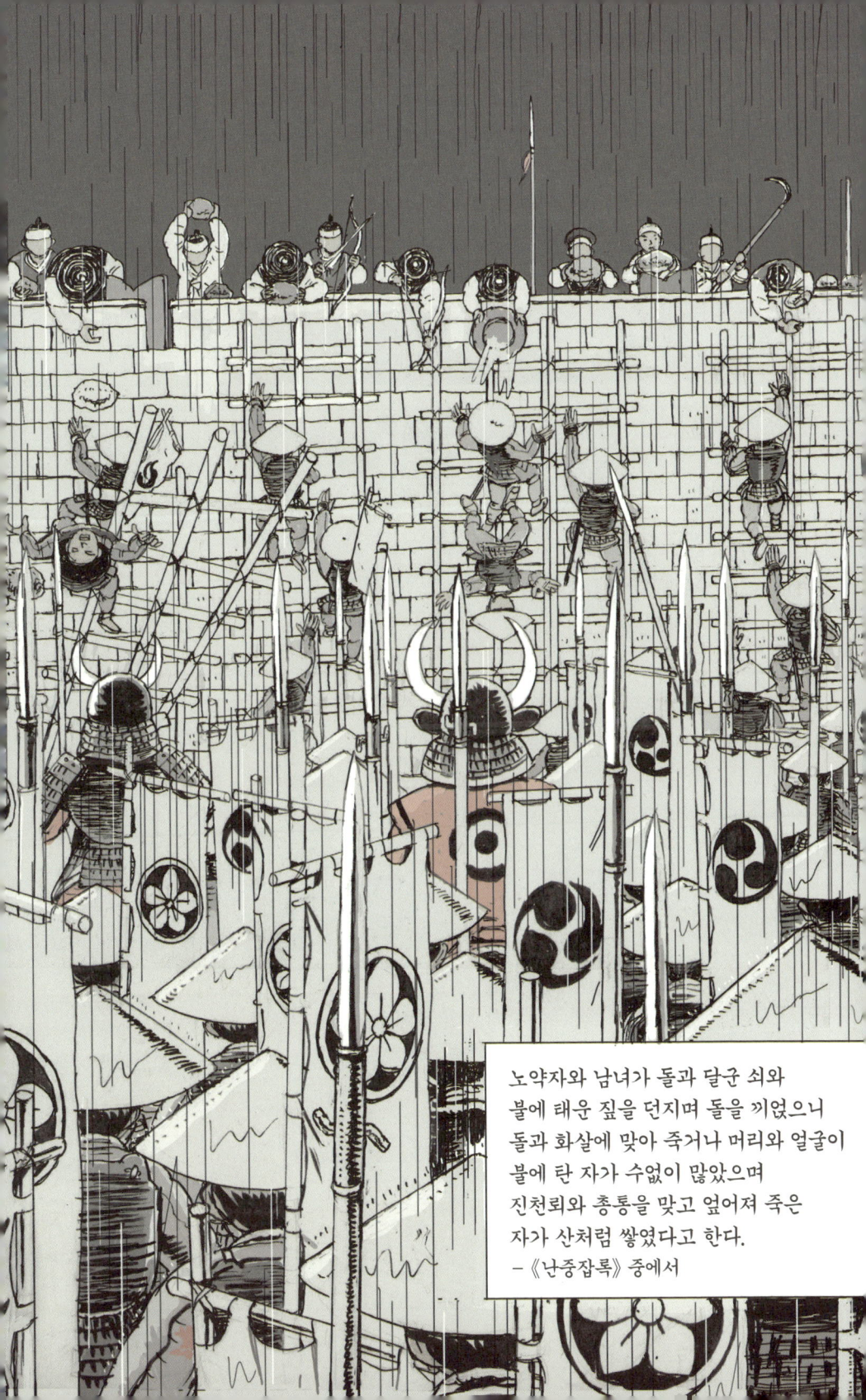

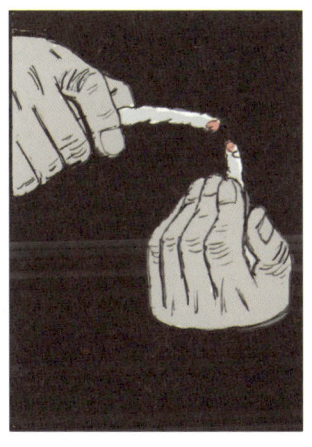

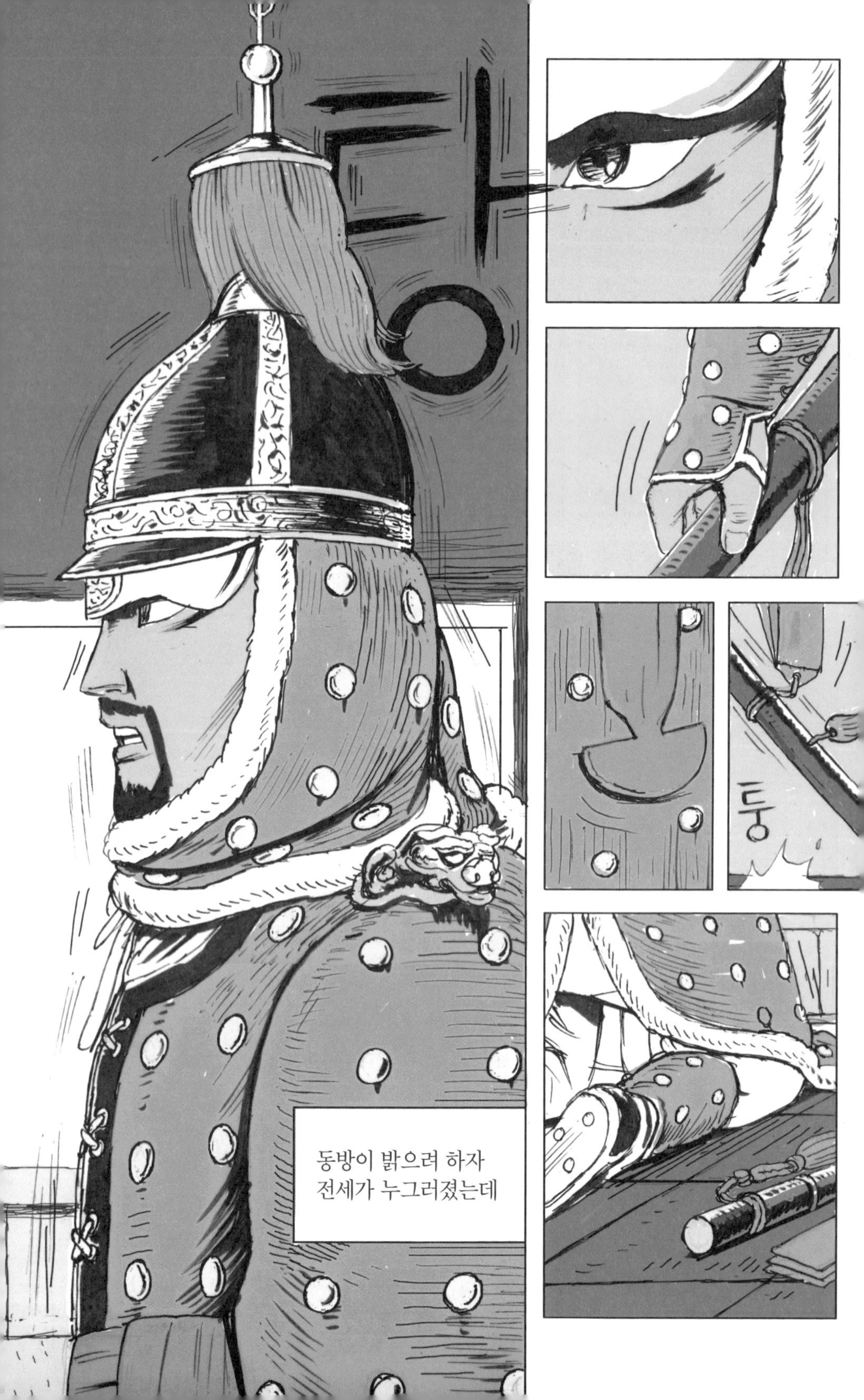

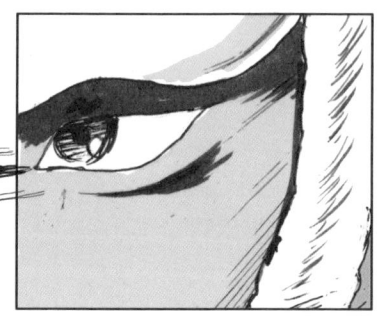
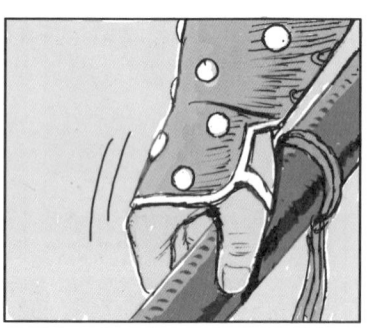

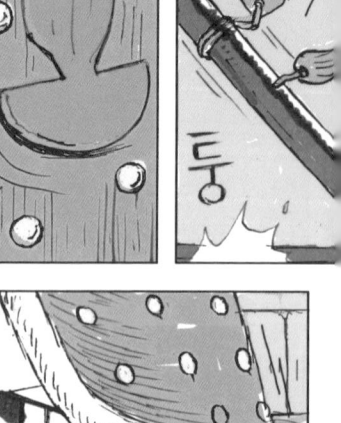
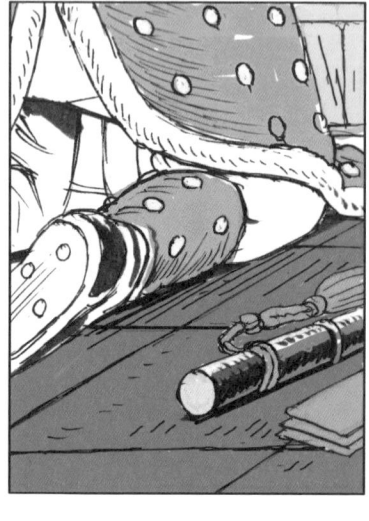

동방이 밝으려 하자
전세가 누그러졌는데

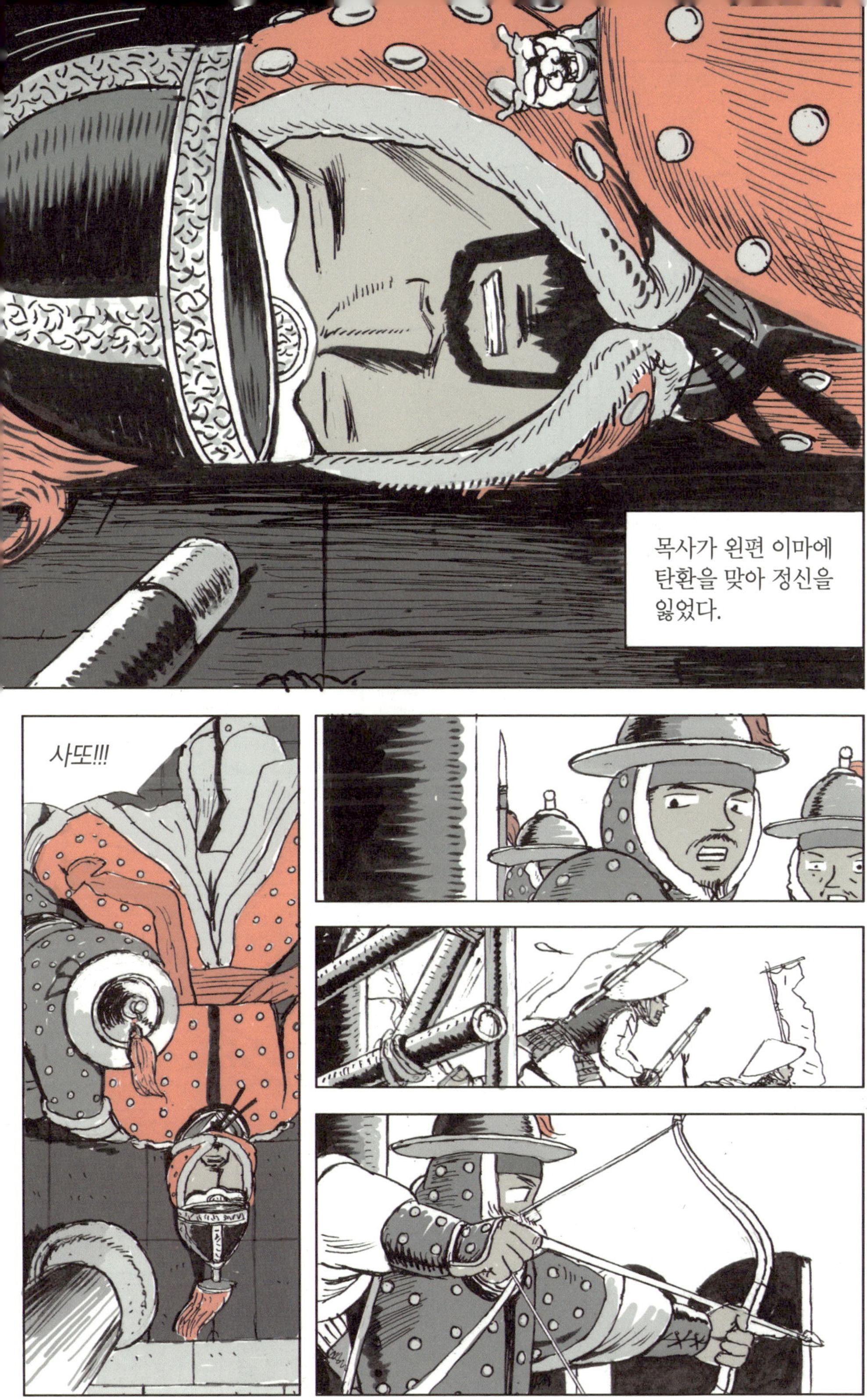

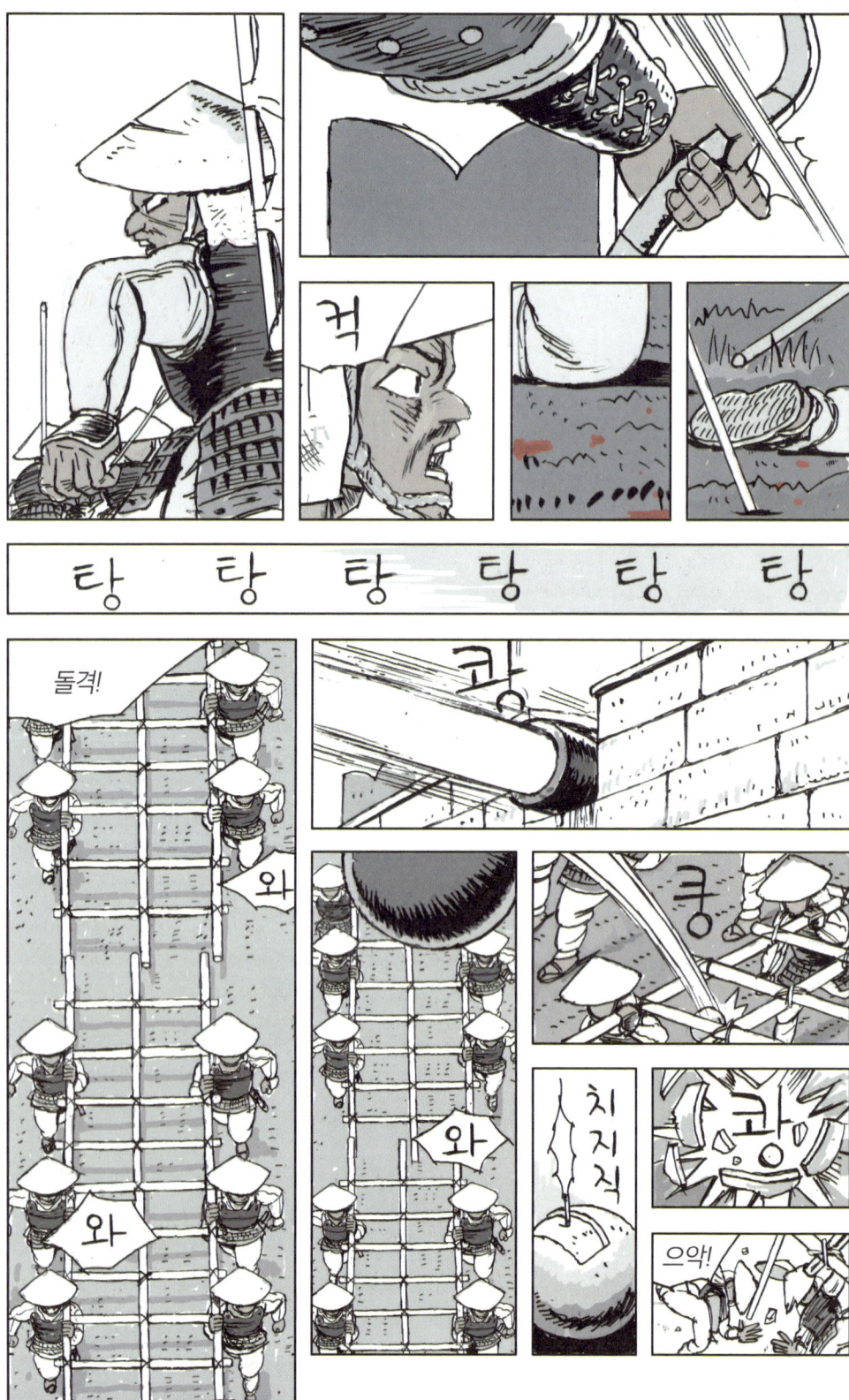

곤양군수 이광악이 김시민을
대신해 북장대를 지켰고
다른 장수들도 힘을 다해
남은 전투를 승리로 이끌었다.

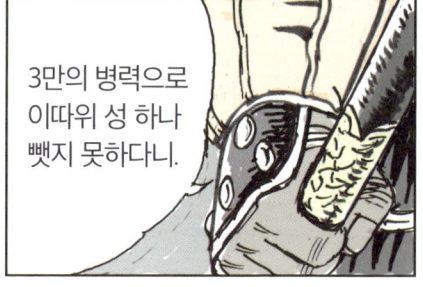

3만의 병력으로 이따위 성 하나 뺏지 못하다니.

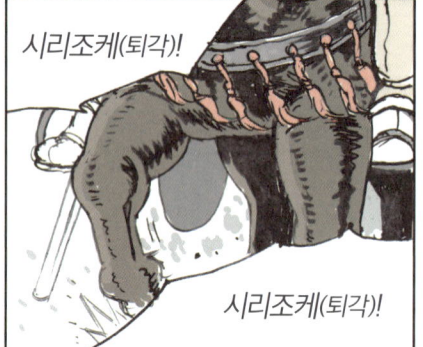

시리조케(퇴각)!

시리조케(퇴각)!

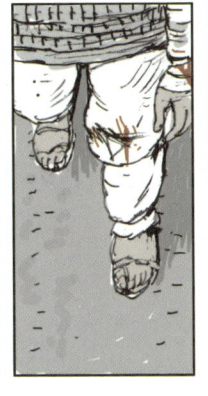

사시(오전 9~11시)경, 왜군은 결국 진주성을 포기하고 퇴각했다.

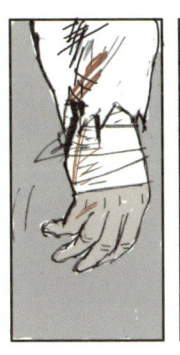

당시 왜군 사망자는 지휘관급 300명에, 병사는 1만이 넘었다고 한다.

왜군은 후퇴할 당시 사망자가 많음을 들키지 않기 위해 모든 시신을 화장했다.

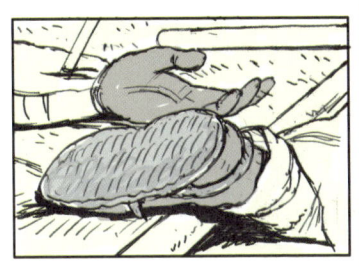

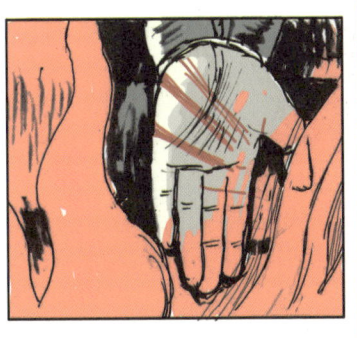

제1차 진주성 전투는
임진왜란이 발발한 후
조선이 수성전에서
일본군을 완벽하게 물리친
첫 전투였다.

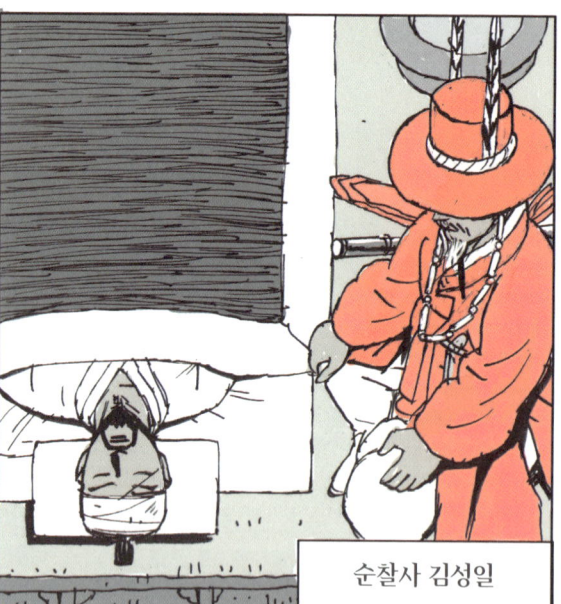

이 사람,
김 목사…

순찰사 김성일

진주목사 김시민!
시민은 며칠 동안 사경을
헤매다 끝내 세상을 떠났다.

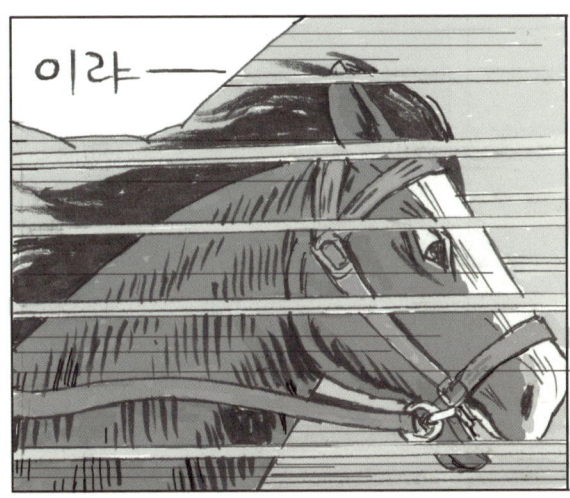

시민은 준비된 장수였다.

진주성 전투의 승리는 그를 신뢰한 관군과 백성의 단결 그리고 의병의 협력이 있었기에 가능한 일이었다.

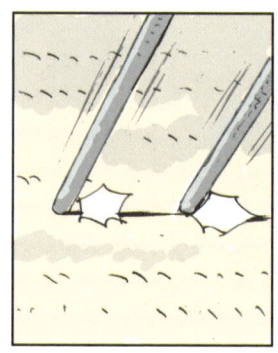

그러기에 시민을 잃은 백성의 슬픔은 유독 컸다.

아이고~

이랴—

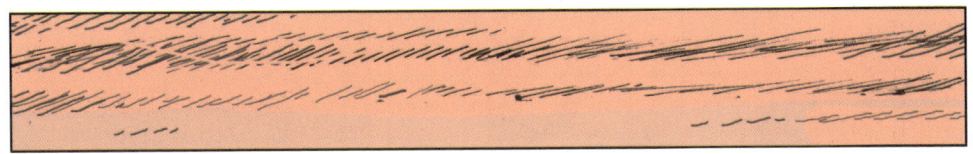

아이고~ 사또~

일본 가부키 〈덴자쿠 도쿠베 이국 이야기〉에는 '모쿠소'라는 괴물이 등장한다.

이 괴물은 제1차 진주성 전투에서 겁을 집어먹은 일본인들이 김시민을 모티브로 만든 것이라고 한다.

진주성을 그리며 알게 된 것들 정용연

하나, 화승총

화승총은 탄환을 총구에 넣어 발사한다. 한데 여기서 문제가 발생한다. 총구가 아래로 기울면 탄환이 아래로 굴러가는 것이다. 당연히 아래를 향해 쏠 수가 없다. 성 위에서 또는 협곡에서 아래의 적을 공격할 수 없단 얘기다.

이러한 물음에 전쟁사에 밝은 누군가 답을 해주었다.

"탄환을 넣은 뒤 삭지를 끼워 넣으면 안 빠져요. 일부러 빡빡 끼게 합니다. 천이나 종이에 말아서 쑤셔 넣기도 하고요."

총통도 마찬가지. '토격'이라고 하는 찰흙을 써서 문제를 해결했단다. 물건을 사면 사용설명서가 딸려 나온다. 그에 따라 조작법을 익히는 것이다. 화약 무기 또한 조작법을 익혀야 했다.

임진왜란이 끝나고 몇 년 지나지 않은 1603년, 함경도 순찰사 한효순은 한 권의 책을 편찬했다. 《신기비결(神器祕訣)》이란 책이다. 이 책은 천자총통부터 조총에 이르기까지 화약 무기의 종합 설명서다. 그리하여 치수를 비롯해 무기를 어떻게 제작하고 운용하는지 자세히 설명하고 있다. 그뿐만 아니다. 병법까지 수록하고 있어 조선 군사들의 길잡이가 되어주었다.

둘, 진바오리(陣羽織)

왜군 장수들 갑주는 너무나 복잡하다. 현기증이 날 정도로 어지럽다. 그도 그럴 것이 입는 데에만 꽤 많은 시간이 걸리고 혼자 입을 수도 없었다. 누군가 도와주어야만 했다.

이런 왜군 장수를 그리자니 절로 한숨이 나왔다. 인내심의 한계에 다다랐다. 수명이 단축되는 느낌이었다.

그나마 다행인 건 갑주 위에 '진바오리'라는 겉옷을 입고 있었다는 점이다. 이 또한 그리기가 쉽지 않지만, 갑주에 비하면 품이 덜 들었다.

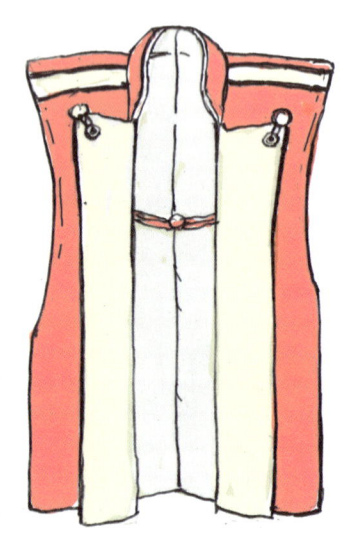

'걸친다'는 뜻의 하오루에서 유래한 하오리(羽織)가 연탁 현상을 일으켜 바오리로 발음된단다. '사람들'이란 뜻의 히토히토가 히토비토로 발음되는 것과 같다. 16세기 일본은 제한적이지만 포르투갈과 교역을 해 서양의 문물을 받아들였다. 진바오리는 이 같은 배경에서 만들어진 옷이다.

셋, 밀화영(蜜花纓)

조선시대 무관들이 입는 옷을 융복(戎服)이라 하고 모자는 전립(戰笠)이라 한다. 고을 수령들도 융복을 입고 전립을 쓴다. 전립은 짐승의 털을 다져 만드는데 꼭대기에 고리가 달린 증자(䉶子)를 부착하며 여기에 붉은 수술과 공작 깃털을 매단다. 화려하기 그지없다.

전립 양 날개 창 위에는 목화솜을 얹는다. 비상시 지혈제로 쓰기 위해서다. 뒤에 소개하는 패랭이에도 목화솜을 얹는데 같은 이유다. 갓을 비롯한 조선시대 모자 대부분은 끈을 매달고 있다. 전립 역시 끈을 매달아 턱에 고정시킨다.

실용성과 관계가 없는 것이 하나 더 있다. 밀화영이다. 밀화를 꿰어 아래로 늘어뜨린 것으로, 밀화영을 그릴 땐 신경이 두 배로 쓰이곤 한다. 이를 어떻게 그리느냐에 따라 그림의 성패가 갈리기 때문이다.

넷, 등채(藤채)

지휘관이 들던 지휘봉으로, 말채찍으로도 쓰인다. 만드는 과정은 다음과 같다. 등나무를 길이 70센티미터 정도로 자른 뒤 사포질하여 표면을 다듬고 옻칠을 한다. 장식은 백동판과 신주판을 이용해 제작한다. 손잡이는 불에 그을린 사슴 가죽을 두르고 술이 달린 끈을 함께 두른다. 이어 여러 겹 바느질한 오방색 천을 매달면 등채가 완성된다.

조선시대를 배경으로 한 전쟁 드라마나 영화를 보면 장수가 칼을 들고 군사들에게 진격 명령을 내리곤 한다. 있을 수 없는 일이다. 적이 근접해 오지도 않았는데 칼을 꺼내 들 이유가 없다. 오히려 안전사고가 일어나기 십상이다. 장수는 칼 대신 등채를 들고 군사들에게 명령을 내린다.

진주목사 김시민 역시 지휘관으로서 칼 대신 등채를 들고 군사를 지휘했다. 목사보다 품계가 낮은 군수, 현령, 현감 같은 고을 수령도 손에서 등채가 떠나지 않았다. 한 고을의 행정, 사법, 군사를 책임진 목민관이기 때문이다.

《1592 진주성》을 그리며 권숯돌 작가에게 전국시대 도감을 구해달라 부탁하였다. 권숯돌 작가는 《도해 무기와 갑주》와 《도설일본합전무구사전》이란 책을 보내주었다.

2021년 초 《1592 진주성》 원고를 그리기 전 답사 차 수군 본영이 있던 삼도수군통제영(三道水軍統制營)에 가게 되었다. 그렇다. 삼도수군통제영이 있어 통영이다.

이전에도 한 번 가봤지만, 진주성 전투를 그린다고 생각하니 보이는 풍경이 이전과는 확연히 달랐다. 특히 중심 건물인 세병관을 둘러볼 땐 조상들의 건축 기술과 스케일에 입이 다물어지지 않았다. 이 땅을 지켜야겠다는 조상들의 의지가 건물 구석구석 배어 있었다.

그렇게 세병관을 둘러보고 세병관 앞뜰에 이르렀을 때 깃발꽂이가 보였다. 안내문에는 기삽석통(旗揷石桶)이라 쓰여 있었다. 형태가 당간지주와 비슷했다. 절 행사 때 당간에 거는 불화와 마찬가지로 영기와 장군기를 걸었던 것이다.

또 세병관 뜰 다른 한쪽엔 네 개의 벅수가 늘어서 있었는데 깃발을 꽂도록 되어 있었다. 액막이로 마을 어귀에 세우는 벅수를 깃발꽂이로 쓰다니. 조상님들의 미의식에 감동했다.

이들 책을 보니 왜군 장수는 지휘봉 끝에 금박지나 은박지를 매달아 사용한 걸 알 수 있었다. 더불어 단선(團扇)이란 부채를 들고 군사를 지휘했다. 구로사와 아키라 감독의 영화 〈가케무샤〉엔 이 같은 모습이 잘 표현돼 있다.

다섯, 깃발꽂이

깃발은 어떻게 고정시키는가?

눈여겨보지 않으면 알 수가 없는 게 깃발이다. 고백하자면 나 역시 대충 얼버무리며 그려왔다. 하지만 리얼리티를 조금이라도 더 살리고 싶다면 작은 고증 하나라도 허투루 지나쳐선 안 된다.

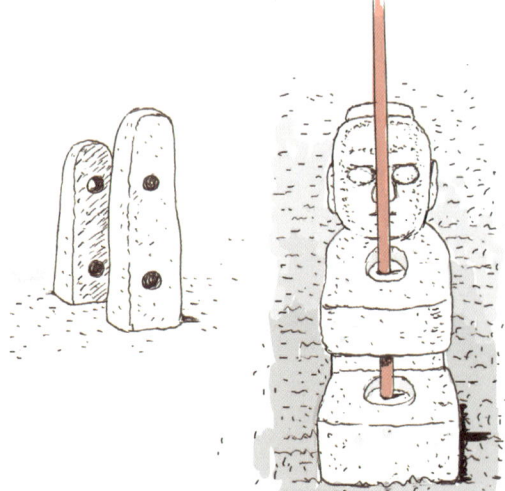

검이불루 화이부치(儉而不陋 華而不侈)

검소하되 누추하지 않고 화려하나 사치스럽지 않다.

《삼국사기》〈백제본기〉 '온조왕' 편에 나오는 말이다. 이토록 아름다운 표현은 세상 어디에도 없을 것 같았다. 이 문장 하나로 나는 우리 조상들에 대한 존경의 염이 더욱 깊어졌다. 집으로 돌아와 인터넷 검색을 해보았더니 이런 벅수는 진주박물관 수장고에도 있었고 경상감영에서도 발견되었다고 한다.

여섯, 문장(紋章)

일본은 다이묘(大名)들의 나라다. 전국시대엔 각지에 다이묘들이 할거하며 세력을 다퉜다. 우에스기 겐신, 다케다 신겐, 이마가와 요시모토, 오다 노부나가 등의 무장이 두각을 나타냈다.

그 가운데 오다 노부나가는 조총으로 무장하며 통일을 눈앞에 두고 있었다. 하지만 혼노지에서 부하인 아케치 미츠히데에게 죽임을 당한다. 오다 노부나가의 뒤를 이은 것은 아케치 미츠히데가 아닌 도요토미 히데요시였다. 주군의 자산을 그대로 물려받은 도요토미 히데요시는 마침내 전국을 통일한다.

오다 노부나가와 도요토미 히데요시가 지배하던 시기를 모모야마(桃山) 시대라 하는데 다이묘들은 여전했다. 이들은 오다와 도요토미에게 충성을 맹세하며 세력을 유지해나갔다. 그리고 오다와 도요토미는 전공이 많은 부하들에게 영지를 하사하여 자치권을 인정했다. 중앙집권제 사회인 조선에선 볼 수 없는 풍경이다.

다이묘들은 전국시대 초기부터 자신의 상징인 문장을 만들어 썼다. 깃발에 내걸린 문장을 보며 적과 아군을 구분했다. 도요토미 히데요시에 의해 전국이 통일된 뒤에도 다이묘들은 고유한 문장을 가졌다.

임진왜란 당시 제1군 대장(선봉장) 고니시 유키나가, 제2군 대장(선봉장) 가토 기요마사, 제3군 대장 구로다 나가마사, 제8군 대장 겸 총대장 우키다 히데이에도 각각 자신의 문장을 사용했다. 제1차 진주성 전투에 참가한 장수들도 마찬가지였다. 호소가와 다다오키, 오다 가즈요시, 기무라 시게코레, 가토 미츠야스, 하세가와 히데카즈 등이다.

문장은 가문을 가장 효과적으로 드러내야 했다. 갖가지 도형과 식물의 잎 그리고 글씨가 사용되었다. 그 과정에서 아름답고 훌륭한 문장이 많이 만들어졌다. 지금 봐도 전혀 어색하지 않은 디자인이다.

만화가는 이미지를 통해 이야기를 풀어나가는 존재다. 그런 면에서 비록 우리를 침략한 적국이지만 문장만큼은 미적 감상 대상이다. 오늘날에는 벤츠, BMW, 애플, 아우디, 나이키, 현대자동차, 활명수, 오뚜기 등 국내외 기업들의 엠블럼이 인상적이다.

일곱, 얹은머리

조선시대 여인 하면 떠오르는 것이 쪽 찌은 머리에 비녀를 꽂은 모습이다. 그런데 이는 정조 임금 이후다.

사람은 누구나 아름다워지고 싶어 한다. 특히 여인네들은 흰 피부와 풍성한 머리카락을 지니길 소망했다. 이는 조선시대 여인들도 예외가 아니어서 머리숱이 많아 보이려 가짜 머리인 가채를 올렸다. 문제는 가격이었다. 쌀 한 섬이 4냥이라면 가채는 50냥 정도 했다. 이쯤 되니 가채는 미용을 넘어 부를 과시하는 수단이 되었다.

예나 지금이나 지고 싶지 않은 게 사람의 마음이다. 여인들은 너나없이 큰 가채를 원했고 값은 천정부지로 치솟았다. 가채로 인해 집안 기둥뿌리가 흔들릴 판이었다. 가히 사회적 문제라 하지 않을 수 없었다. 그리하여 정조 임금은 여인들의 가채를 금하고 쪽찐머리를 하도록 하였다.

그렇다고 가채가 완전히 사라진 건 아니었다. 왕실과 양반가 여인 그리고 기녀들은 여전히 가채를 애용했다. 하지만 쪽 찐 여인들이 점점 늘어 오늘날 조선 여인들의 모습을 상징하기에 이르렀다.

그렇다면 쪽을 찌기 전에는 어떤 머리를 하였을까? 얹은머리였다. 자신의 머리를 위로 틀어 올려 묶었다. 쪽찐머리가 많아졌지만 얹은머리 역시 사라지지 않았다. 조선 후기 사진들을 보면 적지 않은 여인들이 얹은머리를 하고 있다. 생활 습속이란 아무리 국가에서 강제를 해도 하루아침에 변하지 않는다는 걸 보여주는 증거랄까? 단발령 이후에도 오랜 시간 상투를 자르지 않았던 것처럼.

영·정조 이전을 다룬 TV 드라마에 쪽 찐 여인들이 나오면 난감하다. 역사에 관심이 있는 이로서 콘텐츠 제작자들이 고증에 좀 더 신경을 써줬으면 하는 바람이다. 《1592 진주성》에 등장하는 여인들은 당연히 얹은머리를 하고 있다.

여덟, 우물마루

창덕궁 연경당 선향재 대청마루에 걸터앉아 있을 때다. 뒤이어 온 사람이 동행한 이에게 우물마루에 대해 설명을 해주었다. 우물마루는 우리나라 고유의 양식이라고. 그러면서 언제든 판을 빼고 끼워 넣을 수 있다고 하였다. 사계절이 뚜렷해 나무의 수축과 팽창이 많은 우리나라에 어울리는 방식이란 것이었다.

그에 반해 중국과 일본은 장마루라고 했다. 이어 어릴 때 다닌 학교 교실을 예로 들었다. 청소 시간마다 교실 바닥을 왁스로 윤이 나도록 칠하고 닦아야 했다고. 들으며

생각하니 어릴 때 다녔던 학교 교실 바닥이 장마루였다. 장마루는 하나를 갈아 끼우려면 판을 모조리 다 뜯어내야 한다.

불과 30년 전만 해도 방에 종이 장판을 까는 집이 많았다. 하지만 어느 때부터 PVC 재질의 장판을 까는 집이 늘어가더니 지금은 종이 장판을 까는 집이 거의 없어졌다. 문제는 장판의 문양이다. 대부분 장마루 문양을 하고 있다. 사무실 바닥은 더욱 그렇다. 국수주의자란 소리를 들을지 모르겠지만 장마루 문양 대신 대청마루 문양을 살려 쓰면 좋겠다는 생각을 한다.

시간이 날 때마다 궁궐, 고택, 관아, 서원 등 옛 건물을 둘러보곤 한다. 그리고 대청마루에 걸터앉는다. 사정이 허락한다면 누워 있기도 한다. 나무의 따뜻한 질감 때문에 쉽사리 일어서질 못한다. 한없이 그렇게 시간을 보내고 싶다.

진주목사 이경과 지역 유지들이 유유자적하며 놀던 촉석루! 나는 우물마루의 모습을 좀 더 정확히 그리려 애썼다.

아홉, 가시나무

진주성 답사를 갔을 때 키 큰 나무들이 숲을 이루고 있어 보기가 좋았다. 무슨 나무일까? 가까이 다가가니 잎이 두껍고 왁스처럼 윤이 나는 것이었다. 이는 남쪽

지역에서 자라는 나무의 특징이다. 녹나무, 백량금, 후박나무, 호랑가시나무 등이 그렇다. 조금 더 걸으니 마침 조그만 안내판에 가시나무라고 적혀 있었다. 우리가 으레 생각하는 가시가 삐죽삐죽 나온 나무가 아니었다.

집으로 돌아와 나무도감을 찾아보니 참나무 종류인 늘푸른나무라고 한다. 남해안에서부터 제주도에 이르기까지 난대지방에서 주로 자라며 키는 20미터, 지름은 두세 아름에 이를 정도로 큰 나무라는 것이다. 또한 재질이 단단하여 병기로도 많이 쓰인다고 한다. 더불어 박달나무와 마찬가지로 다듬이와 방망이로 많이 만들어졌단다.

병기라고 하면 가장 먼저 떠오르는 것이 창이다. 당연히 가시나무로 창을 만들 것이었다. 작품의 리얼리티를 살리기 위해 권숯돌 작가와 가시나무를 넣자는 것에 의견을 모았다. 비록 몇 컷 안 되는 분량이지만 가시나무가 등장하는 것에 보람을 느꼈다. 현장답사를 하지 않고서는 도저히 얻을 수 없는 정보이므로.

열, 아시가루(足輕)

출세욕에 불타는 일부 무장을 제외하고 전쟁에 나가고 싶은 이는 없었을 것이다. 언제 어떻게 죽을지 모르는데 왜 아니겠는가!

일본 전국시대엔 아시가루라는 보병이 있었다. 이들은 최하위 무사로서 영주와 계약을 맺고 전쟁을 수행했다. 녹봉은 아주 적었고, 전쟁이 없을 때는 집으로 돌아가 농사를 지었다. 도요토미 히데요시가 조선 정벌에 나서자 이들은 자연스럽게 전쟁에 참여하였다. 아시가루가 아님에도 강제로 징집을 당하여 끌려온 이들이 부지기수였다.

조선에선 이들을 통칭하여 왜군이라 부른다. 조총과 창으로 무장한 이들은 잔혹하게 조선인들을 살상했다. 살아 있는 사람의 귀를 베고 코를 베었다. 부녀자들을 겁탈하고 불을 질렀다. 고향에선 선량하기 그지없는 아버지이자 남편인 이들이 바다 건너 조선에선 악마가 되었다. 그리고 조선의 관군과 의병의 공격을 받아 죽임을 당했다. 추위와 굶주림으로 목숨을 잃었다.

진주성 전투에서도 예외는 아니었다. 조선군의 공격에 두개골이 함몰되고 손과 발이 잘려나갔다. 얼굴에 화상을 입거나 박힌 화살을 빼내기 위해 생살을 도려내야 했다. 왜군 진영엔 이들 아시가루의 신음 소리와 울부짖음이 끊이지 않았다. 달리 지옥이 아니었다. 성을 공격하다 죽은 이들은 자신의 군대에 의해 불태워졌다. 이들 지휘부가 희생을 숨기기 위해 시신을 불태워 없앴기 때문이다.

이들을 그리면서 나는 혼란에 빠졌다. 과연 동정을 하는 것이 맞는가? 나는 결론을 내리지 못한 채 이들의 모습을 묵묵히 그려낼 뿐이었다. 이들이 쓰는 삿갓 모양의 투구를 진가사(陣笠)라 하고 등 뒤에 꽂는 깃발을 사시모노(指物)라 한다.

열하나, 병부(兵符)

우리나라 최고(最古)의 역사서인 《삼국사기》〈고구려본기〉 '유리명왕' 편에는 다음과 같은 이야기가 전한다.

아비가 없는 까닭에 수모를 당한 유리가 어머니 예씨에게 아버지는 누구이며 어디 계시냐 묻자 예씨는 놀라운 대답을 했다.

"너희 아버지는 나라에서 용납되지 못하고 남쪽으로 도망가 나라를 세웠단다."

그러면서 아버지가 떠날 때 유물을 '일곱 모가 난 돌 위 소나무 밑'에 감추어뒀으니 이것을 찾아오는 자가 자기 아들이라고 했다는 것이다. 유리는 그것을 찾아 사방을 헤매었으나 찾지 못하다 마침내 자기 집 일곱 모가 난 주춧돌 위 소나무 기둥 아래서 부러진 칼을 찾았다.

유리는 곧 아버지를 찾아가 부러진 칼을 바쳤다. 추모왕이 가지고 있던 단검을 꺼내어 맞추어보니 칼 한 자루가 되었다.

도끼는 고대부터 왕의 권위를 상징했다. 출전하는 장수에게 부월(斧鉞, 큰 도끼와 작은 도끼)

을 주어 권한을 위임했다. 병사들의 살생권이 장수에게 있다는 것을 증명해 보이는 것이었다.

병부는 이 두 가지 기능을 합한 표식이다. 둥근 나무패를 둘로 나눈 뒤 하나는 임금이 갖고 하나는 장수가 갖는다. 군사를 동원할 때 임금이 교서와 함께 왼쪽을 내리면 장수는 오른쪽을 맞춘다. 틀림없다는 것을 증명하는 것이다. 그리고 병부주머니에 담은 병부를 융복에 찬다.

진주목사는 품계가 정3품으로 진주목의 행정, 사법, 군사를 책임진 자리다. 임금의 대리인으로 군사를 지휘한다. 병부주머니를 찬 진주목사의 권위와 위엄은 이를 데 없이 컸으리라. 난리가 나자 전임자 이경이 지리산으로 숨어들었던 것에 반해 후임자인 김시민은 죽음으로써 진주성을 지켰다.

열둘, 임진왜란 참전 왜군의 수

1592년(임진) 제1차 침입 때 왜군의 수는 15만 8,700명이었다. 5년 뒤인 1597년(정유) 침입한 왜군의 수는 14만 명이다. 7년 동안 조선에 상륙한 왜군의 수를 합치면 29만 8,700명. 이 기간 왜군은 수많은 인명을 살상하고 국토를 유린했다. 포로로 끌고 간 백성의 수가 얼마인지 모른다. 임진왜란의 여파로 명나라는 국력이 쇠퇴해 만주족이 세운 청나라에 먹히고 일본에선 히데요시 가문이 무너진다. 하지만 전쟁으로 가장 큰 상처를 입은 것은 조선이었다.

임진왜란에 대해 공부를 하면 할수록 궁금했다. 조선에 발을 디딘 왜군의 수는 얼마인가? 영조 때 명신 홍양호가 쓴 《해동명장전》의 '김시민' 편을 읽어보니 제2차 진주성 전투를 위해 왜군 지휘부는 도요토미 히데요시에게 더 많은 병력을 요청했던 것으로 나온다. 하지만 그 뒤로 이렇다 할 설명이 없다. 국내에 들어와 있는 왜군을 증원해달라는 건지, 일본에 있는 예비대 병력을 보내달라는 건지 알 수가 없다.

그런 가운데 《교과서가 말하지 않은 임진왜란 이야기》(박희봉 지음)란 책을 읽게 되었다. 이 책은 이 땅에 참전한 왜군 수에 주목했다. 답은 전쟁 내내 증원이 계속되었다는 것이다. 그도 그럴 것이 히데요시의 심복으로 제2의 실력자였던 이시다 미츠나리와 독안룡으로 유명한 센다이의 영주 다테 마사무네가 뒤이어 조선에 들어온 걸 보면 병력 증원이 있을 수밖에 없다.

그리하여 제1차 침입 후 6만 명 이상의 병력이 증원돼 조선에 들어온 것으로 추정한다. 실제 제1차 진주성 전투에 참가한 기무라 시게코레, 하세가와 히데카즈, 가토 미츠야스는 나고야성(名護屋城)에 주둔해 있던 예비대 병력이었다.

나고야성은 도요토미 히데요시가 조선과 명나라를 치기 위해 세운 전진기지다. 조선과 가장 가까운 규슈 서북 해안에 있다. 일

본 중부의 중심도시 나고야(名古屋)와 구분하여 '히젠 나고야성(肥前名護屋城)'이라 부른다. 성의 넓이가 2만 제곱미터에 이르고 20만~30만 명의 병력이 주둔했다. 당시 나고야성의 모습을 그린 병풍도를 보면 화려하기 그지없다. 그 규모가 수도인 오사카성에 버금갔다고 한다.

1600년 세키가하라 전투에서 승리한 도쿠가와 이에야스는 나고야성을 철저히 파괴했다. 반란군의 거점이 되지 못하게 함과 동시에 조선과의 교역을 원해서다.

열셋, 패랭이

십여 년 전 용인 민속촌에 가서 패랭이를 샀다. 파는 분이 직접 만들었다고 한다. 집에 돌아와 써보니 머리에 들어가지 않았다. 속았구나 싶었다.

'축소형으로 만들어 완제품인 것처럼 팔았던 거구나.'

속은 나 자신이 한심했다. 한데 속은 게 아니었다. 나중에 알아보니 지금 우리가 쓰는 여느 모자처럼 머리에 푹 들어가게 쓰는 게 아니었다. 상투가 보이지 않도록 걸치는 것이었다.

패랭이는 양반이나 중인은 쓰지 않고 천민들이 썼다. 특히 보부상들이 많이 썼던 것 같다. 챙 위엔 목화솜을 얹어 비상시 지혈제로 사용했다.

홍길동, 임꺽정, 장길산은 조선시대 3대 도적인데 이들을 다룬 소설, 만화, 드라마, 영화에선 하나같이 패랭이를 쓰고 있는 것으로 묘사한다. 다른 모자는 생각할 수가 없다.

패랭이꽃만큼이나 친숙하다.
이 작품의 주인공으로 남복을 한 부산진 군관의 딸 '영덕'도 패랭이를 쓰고 있다.

책을 내며

정용연 (그린이)

우여곡절 끝에 책을 내놓는다. 책이 좀 더 일찍 세상에 나왔으면 좋았으련만 하는 아쉬움과 이제라도 나왔으니 다행이라는 안도감이 함께 엇갈린다.

출판사로부터 전쟁사 시리즈의 하나로 진주성 전투를 제안받았을 때 1년을 예상했다. 내가 스토리를 쓰지 않았기 때문에 아무리 군사들이 떼로 나와도 1년이면 충분하다고 생각했다. 하지만 이는 오산이었다. 계약서에 200쪽 내외로 완결 짓는다며 사인을 했지만, 작업을 하다 보니 자꾸만 욕심이 생겼다. 이런 장면이 있으면 리얼리티가 더 살겠다 싶어 장면을 추가했다.

이를테면 이런 것이다. 왜군들은 전국시대 전투에 앞서 사기를 북돋우기 위해 "에이~ 에이~ 오~오~오~"를 외쳤다. 모르면 몰랐지 알게 된 이상 반드시 이 장면을 넣어야 했다. 군사들을 향해 "에이~ 에이~"를 외치는 왜군 장수와 이에 화답하여 "오~오~오~"를 외치는 왜군 병사들.

그리하여 분량이 2쪽 더 늘어났다. 이걸 그리기 위해 죽어난 건 말하나 마나다. 그렇게 안 해도 되는 고생을 했다. 사실 지식을 단순하게 전달하는 게 아닌 한 진주성 전투를 200쪽 내외로 담아내는 건 무리였다. 그만큼 전쟁은 격렬하고 참혹했다.

내게 진주성은 논개로 기억되었다. 왜장을 끌어안고 남강에 몸을 던진 여인. 2009년 동료 작가들과 남해 여행을 하며 진주성을 찾았었다. 촉석루 아래 논개가 왜장의 몸을 끌어안고 강물에 몸을 던졌던 의암(義巖)은 400여 년 전 모습과 다를 바 없었다. 강물은 깊고 깊어 누구라도 한 번 빠지면 헤어 나오지 못할 듯했다. 의암에 서 있던 나는 알 수 없었다. 훗날 진주성 전투를 그리게 되리란 사실을.

진주성 전투는 임진왜란을 다룬 TV 드라마에서 몇 차례 다루었다. 모두 7년 기간 중 한번 짚고 넘어가는 정도였다. 과문하여 모르겠으나 지금까지 진주성 전투만 따로 다룬 문화 콘텐츠를 보지 못하였다. 적어도 장편 만화로는 최초가 아닐까 싶다.

본격적인 작업에 앞서 진주성 답사를 했는데 성이 제1차 진주성 전투 시기와는 많이 달라 혼란스러웠다. 무엇이 어떻게 달라졌는지 시내를 다니며 확인을 해야 했다. 더불어 진주의 진산인 비봉산과 망루가 있는 선학산에 올랐다. 멀리 지리산과 진주 시내를 끼고 도는 남강의 모습이 한눈에 바라다 보였다. 허물어져 사라진 옛 진주성의 모습을 유추할 수 있었다.

진주성 안엔 남도 해안가에서 자생하는 가시나무 숲이 울창했다. 안내문을 보니 나무가 곧고 단단하여 창으로 많이 만들었다고 한다. 현장 답사를 하지 않으면 얻을 수 없는 귀한 정보다. 이를 만화 속에 넣은 건 불문가지다.

돌아보면 한 장면도 피해간 적이 없다. 백이면 백, 천이면 천, 만화가들에겐 절망과도 같은 떼신(mob scene)을 모두 그렸다. 왜장들 갑옷과 투구 그리고 회의 장면은 넘을 수 없는 벽과 같았다. 그럼에도 한계를 시험하듯 지우개질을 반복하며 그리고 또 그렸다. 원래 손이 느린 데다 장면 연출을 더하다 보니 작업 기간은 예상보다 8개월을 넘어섰고 분량 또한 늘어나게 되었다.

제1차 진주성 전투 하면 떠오르는 것이 진주목사 김시민이다. 나는 김시민을 최대한 멋있게 그리려 노력했다.

그는 영웅이었다.
압도적으로 전력 차가 남에도 불구하고 전쟁을 승리로 이끌었다.

그는 준비된 사람이었다.
진주성 전투 이전, 왜군에게 빼앗겼던 사천, 고성, 창원 등 여러 성을 되찾았다.

제1차 진주성 전투 결과 왜군의 전라도 진격은 좌절되었다. 바다에선 이순신, 원균, 이억기 함대에 막히고 육지에선 이치와 웅치에 이어 진주성을 넘지 못했다. 전투에서 가장 중요한 보급에 막대한 차질을 빚을 수밖에 없었다. 곡창으로 조선을 먹여 살리던 전라도는 그렇게 무사했다.

당연한 이야기지만 김시민 한 사람 힘으로 진주성을 지킨 것은 아니었다. 수많은 민초들이 돌을 나르고 물을 끓였다. 창과 화살을 만들었다. 낫으로 사다리를 타고 올라오는 왜군의 손을 잘랐다.

조선의 주력 화기인 승자총통은 적에게 치명적이었다. 수많은 탄환이 일시에 날아드니 속수무책으로 당할 수밖에 없었다. 그런 승자총통은 아군에게도 위협이었다. 탄환을 발사할 때마다 내뿜는 뜨거운 열기와 반동을 견뎌야 했다.

성을 지키는 데에는 남녀노소가 없었다. 적에게 포로로 잡힌 한 어린아이는 목숨을 걸고 탈출하여 적의 거짓 작전을 알렸다.

모두가 주인공인 이유다.
이 점은 스토리를 쓴 권숯돌 작가와도 공감대를 이루어 이견이 없었다. 우리에겐 승리를, 왜군에겐 처절한 패배를 안겨준 진주성 전투! 이는 공동체가 위기에 빠졌을 때 어떻게 해야 하는지 보여준 역사의 거울이다.

책이 나오기까지 여러 사람에게 도움을 받았다. 고향이 진주인 김순영 선생은 진주박물관에서 발행한 《임진왜란》 도감을 우편으로 보내주었고, 출판인 마정훈 선생은 한국만화영상진흥원의 다양성만화지원사업에 선정될 수 있도록 애를 써주었다. 무엇보다 마음고생이 심했을 배성원 팀장께 감사를 드린다.

답사 마지막 날.
충무공 김시민 장군의 위패와 영정을 모신 괴산 충민사에 들러 인사를 드렸다.

"장군. 이번 작업이 무사히 끝날 수 있도록 도와주소서."

사당 가까이 상수리나무 숲을 지나 오른쪽 언덕에 올랐다. 은빛으로 굽이굽이 흐르는 괴강이 남강과 마찬가지로 아름다웠다.

권숯돌 (글쓴이)

나는 경상도가 고향이지만 지금은 전라남도에 살고 있다. 25년여간의 긴 외국 생활을 정리하고 모국에 돌아올 생각을 하면서 어디에 터를 잡을까 몇 가지 궁리와 셈을 했더랬다. 그 속엔 딱히 전라도가 후보로 들어가 있지는 않았다.

그러나 인연이란 그런 것이고 역사 또한 그러한가 보다. 우리가 몰랐던 필연이 어딘가에서 우연을 낳고 그런 우연들의 반복이 다시 필연이 되어 순환하는 것. 차면 기우는 음양오행의 이치처럼 말이다.

경상도에서 전라도로 넘어가는 길목 진주에서 벌어진 전투에 대해 쓰게 된 인연 역시 마찬가지가 아닐까 싶다. 나중에야 떠올린 기억이지만 진주는 내가 태어나기 전 우리 집안 윗대 어른들이 오래 터를 잡고 살았던 곳이라 했다.

그러나 진주의 지정학적 의미는 사소한 내 개인사에 머물지 않는다. 거칠게 표현하자면 1592년 제1차 진주성 전투는 전라도 땅을 지켜낸 전투였으나, 그것은 단순히 한 지역을 사수했다는 의미를 넘어선다. 그렇다고 일시적으로 이어진 조선왕조의 명줄에 감복할 생각은 없다.

그간 임진왜란과 독립운동에 관한 작품을 몇 편 쓰면서 매번 비켜 갈 수 없는 질문이 있었다. 그들은 누구를 위해 무엇을 지키고자 그토록 처절한 싸움을 치른 것인가.

이런 질문은 국가와 왕조를 유지시켜야 했던 지배층에겐 돌릴 필요가 없다. 사실 전쟁이라는 기존 질서와 체제의 붕괴 앞에서 피지배층은 선택할 수도 있는 것이다. 회피와 도주 혹은 침략자에 대한 복종과 협력까지도.

그러나 그러지 않은 이들이 있었고 우리는 그 역사 위에 서 있다. 그리고 나는 간신히 추측할 뿐이다. 문창지에 뚫은 작은 구멍으로 들여다보듯 그 시대와 사람들을.

작품으로 말해야 하는 작가가 작품 밖에서 너무 말이 많아지면 장황한 변명이 되기 십상이라 이쯤에서 접기로 하자. 늘 그렇지만 책이 나온 후 화끈거리는 부끄러움은 줄어들지도, 익숙해지지도 않는다. 그리고 그것은 여전히 좁고 얕은 내 인문학적 교양과 역사적 통찰의 숙제로 또다시 돌리려 한다.

1판 1쇄 인쇄 2024년 3월 26일
1판 1쇄 발행 2024년 4월 5일

그림 정용연
글 권숯돌
펴낸이 김영곤
펴낸곳 (주)북이십일 레드리버

미디어사업팀 배성원 유현기
외주편집 최준석편집
디자인 (주)디자인 프린웍스
캘리그라피 황성일
출판마케팅영업본부장 한충희
마케팅1팀 남정한 한경화 김신우 강효원
출판영업팀 최명열 김다운 김도연 권채영
제작팀 이영민 권경민

출판등록 2000년 5월 6일 제406-2003-061호
주소 (우10881) 경기도 파주시 회동길 201(문발동)
대표전화 031-955-2100 **이메일** book21@book21.co.kr
내용문의 031-955-2731

이 책은 한국만화영상진흥원 [2021 다양성만화 제작 지원사업]에서 지원받아 제작되었음.
ⓒ 정용연, 권숯돌, 2024

ISBN 979-11-7117-494-2 07910

＊ 책값은 뒤표지에 있습니다.
＊ 이 책 내용의 일부 또는 전부를 재사용하려면 반드시 레드리버의 동의를 얻어야 합니다.
＊ 잘못 만들어진 책은 구매하신 서점에서 교환해 드립니다.